붓다와 함께하는

노자의 행복여행

행복론 2 도교의 행복론

붓다와 함께하는

노자의 행복여행

김용남 지음

서문

푸른 하늘이 너무나 눈부시다. 매미소리는 우렁차고 찌르라미는 풍요를 노래하는 것처럼 들려온다. 바람 소리인지, 아니면 나무 소리인지 더 없이 평화롭다. 가만히 누워 하늘을 본다. 유유히 떠도는 뭉게구름 위에 올라 있는 느낌이다. 자유롭고 편안하다. 눈을 감으니 새로운 세상이 더 없이 아름답다. 문득 천뢰天籟를 떠올린다. 자연自然…… 이 책을 집어 드는 모든 이에게 그 은총이 충만하기를 빌어본다.

『붓다와 함께하는 노자의 행복여행』은 필자가 불교IPTV에서 1년간 진행했던 "불교로 읽는 노자"를 다시 정리하여 책으로 엮은 것이다. 많이 모자라는 필자는 눈치 없이 그저 노자를 만나는 자체에 행복을 느끼며 살아간다. 또한 이 세상에 태어나 유불도를 포함한 성현의 글을 접할 수 있게 된 지극한 축복에 무한한 감사의 경배를 올린다. 그것 때문에 가슴 한켠에서는 늘 "다른 사람들과도 함께 이러한 기쁨을 누리고 싶다"는 울림이 있다. 아마 오지랖이 넓어서일 것이다.

글을 쓰기 시작하면서부터 독서를 아주 좋아하는 올케에게 짐을 얹어 주었다. 한 호흡이 끝날 때마다 모니터링을 해 달라는 요청이었다. 지혜롭고 여린 올케는 흔쾌히 동의해 주었다. 어려운 느낌이 들면 쉽게 풀어달라고 했고, 지루한 감이 있으면 '쉬어가기 코너'를 주문하였다. 또한 아이를 키우는 엄마이다 보니 "아이를 키우면서 혼란스러울 때 '노자'의 가르침을 통해 지혜롭게 대처하고 싶다"는 주문도 잊지 않았다. 그래서 필자는 그 요청을 그대로 반영했다. 붓다의 가르침을 통해 노자를 이해하도록 하는 내용이지만 많은 부분에 『장자』를 삽입시켜 이해를 도왔다. 또한 『숫타니파아타』나 유머, 혹은 삶의 지혜를 인용하여 '쉼터'를 마련하였다. 올케는 꽤 흡족해 하였지만 그러다 보니 자연스레 분량이 늘어나고 말았다. 따라서 고작 14장까지밖에 못 풀어냈다.

『공자와 함께 떠나는 행복여행』이나 이 책의 본문에서도 밝혔듯이, 행복이란 궁극적인 삶을 사는 것이다. 궁극적인 삶이란 본래의 내 삶, 진실한 삶을 의미한다. 그러한 삶을 살아낼 때 비로소 우리는 가장 생명력이 넘치는 삶, 즐거운 삶, 편하고 자유로운 삶을 살 수 있다. 노자는 그것을 '황홀'로 표현하였다.

『노자』 제1장이 '진리'라고 하는 '진실과의 만남'에 대한 말씀이라면, 14장은 바로 그 '황홀恍惚'에 대한 말씀이다. 비록 의도하지는 않았지만 노자께서 '진실하고 정직'한 출발에서부터 궁극적인 '홀황'-노자는 '황홀'을 '홀황'이라 표현한다-, 즉 '행복'에 이르기까지를 설명하도록 이끌어준 느낌이 드는 건 지나친 견강부회牽强附會일까? 아무튼 『노자』를 전부 소개하지는 못하였으나 전체를 소개한 것이나 진배없다는 것이 필자의 생각이다. 그러므로 진정으로 바라건대 이 책을 접하는 모든 독자가 진실을 만나고, 끝내는 황홀한 삶을 살아갈 수 있기를 기원한다. 노자는 그 조건의 으뜸을 '스스로 주인이 되어 사는 것'에 두었다. 모든 기준을 남의 눈에 두지 말고 자신의 내면에 깃들어 있는 '진실'에 두라고 주문한다. 그러기 위해서는 '덜어내고 또 덜어내라'고 한다. 결국 노자와 장자가 요청하는 '자연'의 삶을 살아내기 위해서는 산속 은둔자가 되는 것이 아니라는 뜻이다. 모든 상대시비와 분별을 떠남으로써 가능하다는 의미이다. 그것은 곧 붓다의 주문과 일치한다. 바로 '중도'의 삶을 살라는 것이 핵심이다. 그것이 바로 거짓이 아닌 '진실'을 사는 것이고, 실재實在를 사는 것이며, 삶의 주인공이 되어 후회 없이 사는 것이기 때문이다. 그뿐만 아니라 중도의 실현이 곧 주변 모두와 어우러지는 조화롭고 균형잡힌 삶이 될 수 있는 까닭이다.

이 책을 내면서도 빠뜨릴 수 없는 것은 성균관대학교와 동국대학교의 두 분 지도교수님의 은혜에 대한 감사이다. 또 법계로 돌아가신 영적 스승 청화스님과 유승국 선생님께도 깊이 감사드린다. 그리고 노장사상에 대한 가장 깊은 가르침을 주셨던 송항룡 선생님의 은혜도 잊을 수 없다. 그럼에도 불구하고 이해하기 어려웠던 부분은 간접적으로나마 무위당 장일순 선생님과 다석 유영모 선생님의 가르침을 참조하였다. 그만큼 노자의 말씀은 깊으면서도 난해한 부분이 있었다는 뜻이다. 물론 그래서 후대에 첨삭된 부분이란 말도 있고, 장자보다도 후대의 저작이란 설도 있다. 그러나 이기동 교수님의 결론은 "춘추시대 또는 전국시대 때 이미 『노자』의 말이 유포되고 있었으며, 전국시대 말기에 접어들어 이 『노자』에 다른 명언 명구들을 첨가하여 현행본의 『노자』가 만들어진 것을 짐작할 수 있다"는 것이다.

끝으로 항상 내 모든 에너지의 원천이 되어 주시는 부모님을 포함한 가족과, 이 시간에도 끊임없는 도전에 직면하고 있을 정경님께 무한한 감사와 사랑을 드린다. 그리고 언제나처럼 이번에도 교정을 보아준 대림대학교의 이명심 선생님과, 기꺼이 시간을 내어 꼼꼼하게 교정해준 시인 권수형 선생님께도 깊은 감사를 드린다. 마지막으로 돌부처님처럼 묵묵히 행복론 시리즈 출판을 돕고 계시는 운주사 김시열 사장님께 다시 한 번 진심으로 감사를 드린다.

2011년 8월

법재法齋 김용남金龍南

古之善爲士者微妙玄通

차례

古之善爲士者微妙玄通

들어가며

남쪽 바다의 임금은 숙儵이고, 북쪽 바다의 임금은 홀忽이며, 중앙의 임금은 혼돈渾沌이다. 숙과 홀은 시간이 날 때마다 서로 함께 혼돈의 땅에서 만났다. 혼돈은 그들을 매우 잘 대접했다. 이에 숙과 홀은 혼돈의 은덕에 보답하자고 의논하였다. (그들은) 말하기를 "사람들은 모두 일곱 개의 구멍이 있어서 그것을 가지고 보고 듣고 먹고 숨을 쉬는데, 이 자(혼돈)에게만 없으니 시험삼아 구멍을 뚫어주자"고 하였다. 하루에 구멍 하나씩 뚫었더니 7일 만에 혼돈은 죽어버렸다.(『장자』「응제왕」)

이 인용문은 필자의 스승이신 성균관대학교 이기동 선생님께서 『장자』 강의를 시작하며 칠판에 써놓으신 내용이다. 물론 선생님께서는 『장자』 원문 그대로 한자로 쓰셨다. 필자는 당시에 장자사상에 대한 이해가 일천했기 때문에 그 속내를 알 길이 없었다. 그저 "어떻게 저렇게 긴 원문을 거침없이 써내려 가실 수가 있지?" 하면서 쳐다만 볼 뿐이었다. 그때 선생님께서 "노장사상의 핵심이 이 글 안에 있다"고 하셨다. 말할 것도 없이 일곱 개의 구멍과 혼돈의 죽음이 핵심이라는 뜻이었다. 그때나 지금이나 필자는 여전히 내 자신에게 질문을 던진다.

"혼돈은 왜 죽었을까?"

필자도 노장사상에 대해 말문을 열 때면 으레 스승님께 배운 방식대로 장자의 얘기부터 꺼내놓는다. 오히려 옛날 이야기하듯 더 살을 붙이고 비약하기까지 하면서 다음과 같이 운을 뗀다.

> 남쪽 바다에는 숙이라고 하는 임금이 살고 북쪽 바다에는 홀이라는 임금이 살았어요. 그런데 중앙의 임금이 또 있었어요. 재미있는 건 중앙의 임금은 중앙 바다의 임금이라 하지 않고 그냥 중앙의 임금이라고 해요. 그런데 그 임금의 이름이 혼돈이라는 거예요. 숙과 홀은 시간만 나면 혼돈의 땅에서 만났대요. 그러면 혼돈이 그들을 엄청나게 잘 대접했다고 해요. 잘 대접했다는 건 만족스럽게 해 주었다는 뜻이겠지요? 배고플 땐 배부르게 해 주었겠고, 목이 마르면 물을 주었을 것이고, 슬프면 기쁘게 기분을 전환시켜 주었을 것이고, 화나서 찾아가면 마음의 평화를 찾아주었겠지요? 그러다 보니 숙과 홀은 혼돈이 정말 고마운 거예요. 그래서 혼돈의 은혜에 보답할 길은 없을까 고민을 하게 되었지요. 그런데 아무리 생각해봐도 혼돈은 부족

한 것이 없어 보이는 거예요. 다만 자기네들에게는 있는 일곱 개의 구멍만큼은 혼돈에게 없다는 것을 알게 되었어요. 사람들은 모두 일곱 개의 구멍으로 보고, 듣고, 먹고, 숨을 쉬는데 혼돈에게만 없으니 구멍을 뚫어주어 보자고 했지요. 그래서 구멍을 하루에 하나씩 뚫어주었는데 마지막 일곱 번째 구멍을 뚫어주자 혼돈이 죽어버렸다는 거예요.

이렇게 장황한 이야기를 끝내고 잠시 침묵한 후에 수강생들을 향해 질문을 던진다.

"혼돈은 왜 죽었을까요?"

한 동안 침묵을 지키며 생각에 잠겼던 수강생들 가운데 몇 사람이 기상천외한 대답을 한다.

수강생: "쇼크사요!"

필자: "왜 충격을 받았을까요?"

수강생: "피를 너무 많이 흘렸기 때문은 아닐까요?"

또 다른 수강생: "갑자기 안 보이던 것이 눈에 보여서 충격을 받은 건 아닐까요?"

필자: "안 보이다가 갑자기 보이게 되면 기절을 할망정 죽기까지 할까요?"

수강생들: "……"

필자: "여러분은 혼돈이란 말을 처음 들었을 때 무엇이 떠오르셨어요?"

수강생: "카오스요."

필자: "카오스가 뭐예요?"

수강생: "무질서요."

필자: "그런데 왜 한때는 가전제품에 죄다 카오스란 이름이 붙여졌던 걸까요?"

수강생들: "……"

실제로 혼돈은 카오스와 비슷한 개념으로 이해할 수 있다. 무질서의 질서라고 하면 이해하기 쉬울지도 모른다. 어떤 공식화된 틀은 없으나 완전한 질서를 갖춘 흐름이라고 이해할 수 있다. 아마 『노자』 27장의 "셈을 잘하는 사람은 셈하는 도구를 사용하지 않는다(善數不用籌策)"는 내용을 통해 살펴보면, 좀 더 쉽게 이해될 것이다. 혹자는 계산보다는 암산이 더 정확하다고 생각할지도 모른다. 실제로 암산 왕은 계산기보다 더 빨리 정확한 답을 내놓기도 하니 말이다. 그러나 노자가 한 말의 핵심은 거기에 있지 않다.

1980년대만 하더라도 우리나라 텔레비전 연속극 주제 가운데 많은 부분을 차지했던 건 대학 나온 며느리와 못 배운 시어머니 사이의 갈등이었다. 특히 육아문제에서 고부간의 갈등은 극에 달했는데, 어찌 보면 과학과 경험의 대립이라고도 할 수 있었다. 며느리는 교과서에서 배운 대로 나이와 몸무게에 따라 몇 그램 단위까지 정확히 재면서 아이에게 먹이려고 한다. 그러나 시어머니의 육아 방식은 그때그때 아이의 상태에 따라 더 먹이기도 하고 덜 먹이기도 한다. 아이가 안 먹겠다고 밀어내면 덜 먹이고 유난히 보채면 더 먹이는 방식이다. 두 사람 가운데 누가 옳다고 할 수 있을까?

이러한 문제는 다만 그 형태만 바뀌었을 뿐 현재도 진행형이다. 웰빙 바람이 불면서 어떻게 하면 더욱 잘 먹고 잘 살 수 있느냐에 초점이 모아지고 있다. 그래서 새삼스레 더욱 각광을 받는 것이 사상체질이다. 저마다 소양인이니 소음인이니 따지면서 섭생을 챙긴다. 하지만 사람의 몸은 원래 만물이 모여서 이루어진 결정체이다. 게다가 모든 것이 변한다고 하는 것은 종교를 초월한 진리가 아닌가. 오늘은 체온이 높았다가도 내일은 낮아질 수 있다. 또 개인의 생체리듬이 변화함에 따라 몸에서 요구하는 것도 매일 변하게 마련이다. 그러므로 오늘은 생으로 먹는 야채가 맞을 수 있지만 내일은 익혀서 먹는 야채가 맞을 수도 있다. 오늘은 고기가 필요할 수 있지만 내일은 채식 위주의 식사를 하는 것이 오히려 이치에 맞을 수도 있다. 모든 것이 변한다고 하는 사실에는 동의하면서 어찌하여 자신의 체질은 항상 고정되어 있다고 고집하는가.

노자가 하고 싶은 말의 핵심도 여기에 있다고 할 수 있다. 과학이라는 이름의 잣대나 정확한 계산기로 온갖 변화무쌍한 실제에 대응하는 것 자체가 모순이라는 뜻이다. 어차피 인간이 하는 모든 계산된 답은 정답일 수 없다는 뜻이다. 아무리 정확한 계산법에 의한 정답이라 할지라도 인간의 두뇌에서 나온 것이므로 시작부터 한계를 전제하고 있다는 뜻이다. 차라리 자연에 맡기는 것만 못하다는 뜻이다. 기계나 로봇은 정해진 공식을 따라 움직이지만 자연은 살아 있는 생명이다. 여기서 말하는 자연은 물리적인 자연을 말하는 것이 아니다. '저절로 그렇게 있다'는 의미의 자연이다. 아이도 자연으로 살아가고 우리의 몸도 자연으로 살아간다. 살아 있는 모든 것들은 다 자연이다. 물론 이 세상에는 죽은 것이 있는 게 아니라 단지 인위적인 것과 자연적인 것만 존재할 뿐이지만 말이다. 따라서 시간이 되지 않아도 목마르면 물을 마셔야 하고 배가 아프면 굶어야 하는 경우도 있다. 그것이 바로 자연이다. 자연에 의한 계산이 과학이 만들어낸 계산기보다 더욱 더 완전하다는 뜻이다. 혼돈 또한 마찬가지다. 인위적으로 규정지어 놓은 것이 없지만, 그래서 무질서로 보이지만 완전한 질서를 갖추고 흘러가는 것이 바로 혼돈이다. 무질서의 질서이고 완전한 생명력을 갖춘 자연이다.

혼돈에 대한 좀 더 구체적인 설명은 노자사상을 본격적으로 탐구하면서 풀어낸 예정이다. 이해해야 할 부분은 단순히 혼돈의 죽음뿐만이 아니라는 것이 필자의 견해이다. 노자가 굳이 남쪽 바다와 북쪽 바다를 설정한 데에도 깊은 뜻이 숨어 있다고 보기 때문이다. 그때 이후로 『노자』와 『장자』를 들을 기회도 읽을 기회도 많았다. 하지만 아직도 그 정확한 핵심을 이해하기 어려울 때가 많다.

노자와 장자의 사상을 합쳐 도가사상이라고 한다. 노자와 장자를 통해서 이 세상에 나왔지만 그 핵심사상은 하나라는 뜻이다. 물론 이 책에서도 역시 불교 이론을 배경으로 『노자』를 읽는 과정에서 『장자』를 통해 설명하기도 할 것이다. 『장자』는 그 호방함이나 명쾌함, 그리고 자유롭다고 하는 면에서 감히 견줄 대상이 없으면서도 『노자』를 이해하는 데 도움이 되기 때문이다.

누구나 알고 있듯이 불교는 종교이다. 그렇다면 도가사상도 종교라 할 수 있느냐고 묻는다면 그 대답은 어떠할까? 만약 도가사상을 종교가 아닌 단지 철학으로만 간주한다면 그 둘을 넘나드는 것 자체가 모순이 되지는 않을 것인가? 과연 무엇을 종교라고 하는가?

종교와 진리, 그리고 행복

종교(Religion)는 라틴어의 Religio에서 온 말로 '결합하다' 혹은 '예경禮敬하다'는 뜻이다. 어떤 신앙의 대상을 세우고 그 대상과 인간이 결합함으로써 구원을 얻는 것이 종교라는 의미이다. 신학자들의 해석에 따르면 '다시(re-) 결합한다(-ligion)'는 뜻으로 '신과 인간의 재결합'이라 해석할 수 있다. 그러므로 신학자 아우구스티누스는 "신을 등짐으로써 신에게서 떨어진 인간을 다시 신神에게 결부시킨 것은 예수이므로 진정한 종교는 기독교밖에 없다"고 하였다.

그러나 한자의 종宗은 '궁극적인 진리'를 의미한다. 따라서 '종교'란 '궁극적인 진리에 대한 가르침'이라 할 수 있다. 문제는 '궁극적인 진리'가 무엇을 의미하느냐에 있다. 궁극이란 말 그대로 가장 귀하고 높아서 더 이상이 없는 것을 의미한다. 그러므로 만약 신神이 가장 귀하고 가장 높아서 더 이상이 없는 존재를 일컫는 말이라면 그 자체가 이미 종宗이 된다. 또 가장 귀하고 높은 진리라면 이 세상에 둘이 될 수는 없다. 오직 그것 하나뿐이어야만 한다. 인도 힌두 경전 『리그베다』에서 "진리는 하나이며, 현자들은 이를 여러 가지로 부른다"고 하는 이유도 거기에 있다. 즉 가장 귀하고 가장 높고 가장 완전한 그 '무엇'을 진리라고 한다는 의미이다. '진리'이긴 하지만 '진리'라고만 불러야 하는 것은 아니기에, 깨어 있는 자들은 그것을 여러 가지로 부른다.

불교에서도 역시 부처님께로 가는 문, 즉 유일한 '님'에게로 가는 문을 둘이 아닌 세계로 들어간다고 해서 '불이문不二門'이라고 한다. 그런데 그 불이문을 들어서면 전각이 여러 개 있고,

모셔놓은 존재도 이름이 각각 다르다. 하지만 다양한 전각마다 모셔진 존재는 모두 '진리'를 상징하는 이름의 형상들이다. 이름하여 '극락', '관음', '명부', '비로자나', '대웅', '안양', '대적광', '무량수' 등이다. 모두 부처를 모셔놓았다는 뜻이다. 어디 그뿐이겠는가. 부처를 칭하는 10대 명호를 살펴보면, '진리에서 온 자(여래)', '마땅히 공양 받아야 할 자(응공)', '바르고 정확하게 꿰뚫어보는 자(정변지)', '지혜와 덕행을 갖춘 자(명행족)', '깨달음에 잘 이른 자(선서)', '세상의 모든 일을 잘 아는 자(세간해)', '최상의 완전한 인격자(무상사)', '모든 생명체를 잘 가르쳐 깨달음에 들게 하는 자(조어장부)', '신들과 인간의 스승(천인사)', '세상에서 가장 거룩한 자(불세존)'가 있다.

이와 같이 진리에 대한 이름이 많다는 것은 결국 진짜 이름은 알 수 없다는 뜻이기도 하다. 진짜 이름을 알 수 없으므로 진리를 '무無'라고 하는지도 모른다. 물론 그때의 '무'란 존재론적인 무는 아니다. 아무것으로도 표현할 수 없지만 모든 것이 가능하게 하는 그 무엇이 진리이다. 마찬가지로 수 없는 이름으로 표현하지만 정작 그것의 진짜 이름은 사람의 표현을 떠나 있는 대상이기도 하다. 마치 어머니를 '가장 그리운 이', '가장 편안한 이', '내 마음의 고향', '나의 사랑', '안식처', '자유를 주는 이', '절대적인 사랑을 주는 이', '내 힘의 원천' 등 어떤 이름으로 불러도 다 통하는 것과 같은 이치이다. 즉 어머니란 존재는 대체로 모든 자녀에게 차별 없는 사랑을 준다. 하지만 그 사랑을 느끼는 것은 자녀마다 차이가 있다. 그 때문에 자녀가 어머니를 떠올리고 표현하는 언어도 다를 수밖에 없다. 그뿐만 아니라 심지어 어머니란 존재 자체를 잊고 살아가는 자녀들 또한 많다. 그러나 언제든지 그 이름 앞에서는 평안과 따스함을 느낄 수 있는 존재가 바로 어머니이다.

진리도 그와 마찬가지다. 대체로 잊고 살지만 진리와 만나게 되면 비로소 모든 존재는 가장 완전해질 수 있다. 더 이상 바랄 게 없어진다는 뜻이다. 그런데 이처럼 더 이상 바랄 게 없을 정도로 충만한 상태(즐거운 상태, 걸림없이 자유로운 상태, 평화로운 상태, 모두 갖춘 상태, 모든 근심걱정이 사라진 상태, 두려움이 사라진 상태)에 이르렀을 때 우리는 저절로 "행복하다"라고 말한다. 마치 독백처럼 스스로도 인식하지 못하는 사이에 터져 나오는 탄성이 바로 '행복'이라는 단어인 것이다. 그렇다면 진리와 행복 사이의 관계는 어떻게 정의할 수 있을까.

행복이라고 번역되는 'eudemonia'는 개인의 수호신을 의미하는 'eudemon'에서 유래하였다. 그러므로 행복하다는 말은 정확히 설명하자면 '수호신에 보호된다'는 뜻이라 할 수 있다. 보호를 받는다는 것은 안락함이 담보된다는 말이다. 안락하다는 것은 어떤 것으로부터도 자유로울 수 있는 상태란 말이다. 자유롭다는 것은 모든 것이 조화를 이루어 평화로움을 의미한다. 평화로운 상태는 평등을 전제로 할 때 가능해진다. 평등은 '나'와 '너'로 나뉘지 않을 때 비로소 가능해진다. 나와 너로 나뉘지 않은 상태란 하나된 '무엇'의 세계이다. 바로 그것, 즉 진리와 합일되었을 때 우리는 비로소 진정 '행복'이라고 하는 정점에 도달했다고 할 수 있다.

불교에서 말하는 행복은 모든 욕망과 번뇌를 다 내려놓았다는 의미의 '해탈'이라 할 수 있다. 투쟁과 갈등으로 얼룩진 이 세상에서 조화와 균형의 저 세상인 '피안'으로 건너간다고 할 수 있다. 더러운 땅인 예토穢土에서 물들지 않아 깨끗한 땅인 정토淨土로 옮겨간다는 뜻이다. 모든 고통은 사라지고 오직 즐거움만이 넘친다고 하는 '극락'이라고도 한다. 또는 모든 번뇌의 불길이 꺼졌다고 하여 열반이라고도 한다.

물론 기독교에서 말하는 행복도 크게 다르지 않다. 하느님(개신교는 하나밖에 없는 유일신이라 하여 하나님이라 한다)의 품에 안겨야 비로소 행복을 만끽하게 되는 것이다. 그 하느님 이름은 히브리어로 야훼이지만 구약 창세기에서 '말씀'이면서 동시에 '빛'으로 상징한다. 신약에서는 '길', '진리', '사랑'으로 비유한다. 하느님을 어떻게 부르든 그 안에서 완전히 하나가 되었을 때 비로소 온전해지는 것이며 행복에 도달하였다고 할 수 있다. 또 행복에 도달했다는 것은 더 이상 거짓된 자아의 탈을 쓰지 않았다는 뜻이기도 하다. 그것이 이른바 텅 빈 충만이다. 텅 빈 충만은 곧 진리와 합일을 통해 가능해진다.

이와 같이 기독교나 불교뿐만 아니라 사이비가 아닌 참 종교라면 그 가르침은 행복을 지향하는 것이어야 한다. 그것도 어떤 특정 존재만 행복으로 인도하는 가르침이어서는 안 된다. 인류를 넘어 심지어 산천초목까지도 모두 다 행복하게 해 주는 가르침이어야 한다. 행복이야말로 완전한 충만이고, 자유이자 평화이고, 편안함이자 즐거움이고, 조화로움이자 균형이고 소통이기 때문이다. 또한 만사 만물이 조화와 균형을 이룬 가운데 시방세계를 온전히 소통시킬 수 있는 것은 오직 진리만이 가능하다. 따라서 진리를 가르치면 종교라 할 수 있고, 종교는 모두를 행복으로 이끄는 가르침이라고 정의할 수 있다.

지금까지 살펴본 내용을 기준으로 다시 한 번 짚고 넘어가기로 한다. "불교는 진리이고 종교이며 행복을 가르치는 내용인가?" 대답은 "그렇다"이다. 그렇다면 "노자의 말씀은 진리이고 종교이며 행복으로 인도하는 가르침인가?" 이에 대한 대답도 역시 "그렇다"이다. 어째서 그러한가에 대해서는 불교로 『노자』가 읽혀지면 그것으로 증명될 것이다. 어쩌면 이에 대해 새삼스럽게 왈가왈부할 필요조차 없는지도 모른다. 이미 불교가 중국에 유입될 당시부터 중국인들은 노장사상으로 불교를 읽었고, 유학사상으로도 역시 불교를 읽었다. 중국 사람들이 인도에서 들어온 불교를 중국 고유의 사상을 통해 이해했던 방식을 격의불교라 한다. 중국인들은 서쪽 관문을 통해 사라진 노자가 천축(인도)으로 갔으리라고 나름대로 유추하였다. 그 노자가 붓다가 되어 교설을 편 것이 바로 불교라고 받아들였던 것이다. 심지어 그들은 붓다를 노자의 사당에 나란히 모셔놓기까지 하였다. 그뿐만 아니라 지식인들 가운데는 유불도 삼교가 궁극적으로는 하나라고 주장하는 이들도 꾸준히 있어 왔고 현재 진행형이기도 하다.

'혼돈'을 화두로 던져놓고 본론으로 들어가지 않고 지금까지 뭐하고 있는지 의아해하는 독자에게 퀴즈를 하나 내고 넘어가고자 한다.

"강릉에서 여수까지 가장 빨리 가는 방법은?"

정답은 "사랑하는 사람과 함께 가는 것"이다. 지금 이 순간도 "빨리" 서둘러야 한다면 조금 천천히 가자고 청하고 싶다. 적어도 노자와 장자라는 인물은 그렇게 유유히 살다간 사람들이었고, 또 그렇게 살라고 주장한 사상가이다. 그러니 우리도 모든 것 내려놓고 단지 노자를 사랑하는 마음으로 노자의 마음을 한 번 읽어보자는 것이다.

이제부터 본격적으로 혼돈의 죽음에 대해 함께 고민해 보기로 하자. 죽는다는 것이 무엇을 의미하는지를 알면 의외로 쉽게 의문이 풀릴 수 있다. 가령 "홍길동이가 죽었대"라고 한다면 그 의미는 홍길동이는 더 이상 이 세상에 존재하지 않는다는 뜻이다. 혼돈의 죽음도 마찬가지다. 더 이상 혼돈이 존재하지 않는다는 뜻이다. 혼돈을 죽게 만든 이유는 일곱 개의 구멍이다. 보통 사람들은 모두 일곱 개의 구멍으로 보고 듣고 먹고 숨을 쉰다. 두 개의 눈구멍은 보는 기능을, 두 개의 귓구멍은 듣는 기능을, 한 개의 입은 먹는 기능을, 두 개의 콧구멍은 숨쉬는 기능을 한다. 그런데 만약 눈이 단지 보기만 하고, 귀가 듣기만 하고, 코는 숨만 쉬고, 입이 먹기만 하면 문제 될 것이 없을 수도 있다. 하지만 일곱 개의 구멍으로 보고, 듣고, 숨쉬고(냄새 맡고), 먹게(말하게) 되면 동시에 판단이 시작된다. 다시 말해서 감각기관이 작용하는 것과 동시에 사려와 분별이 시작되면서 경험이 축적된다는 뜻이다. 이렇게 축적된 경험은 이후의 삶에 기준으로 작용하게 된다. 그 기준은 나와 다른 사람을 나누고 차별짓는 경계라고 할 수 있다. 불교로 말하면 거짓된 '나'의 탄생이다.

다시 한 번 정리해 보기로 한다. 감각기관에 의지하지 아니하고 전체적인 생명력으로 살아가던 혼돈에게 일곱 개의 구멍이 생겼다. 무질서의 질서를 유지한 채 저절로(자연) 조화와 균형을 이루었던 혼돈에게 감각기관이 탄생한 것이다. 나, 즉 에고ego가 생겨난 것이다. 그때부터 혼돈은 전체를 한 몸으로 살아가던 자연 그 자체인 혼돈이 아니게 된다. 전체에서 분리된 자아(에고)가 생겨났다는 건 자신의 울타리가 생겨났다는 뜻이기도 하다. 그 울타리 안에 진짜 생명력이 넘치는 예전의 자신을 가두게 된 것이다. 그때부터는 울타리가 자신의 영역이 되어버린다. 그 때문에 늘 전전긍긍하면서 그 울타리가 깨질까봐 겁을 낸다. 누군가가 그 울타리를 엿보지는 않을까 두려워한다. '나(에고)'로서 살아가는 삶은 곧 남과 비교하고 투쟁하는 것을 피할 수 없다. 그야말로 불행의 서막이 열렸다는 뜻이다. 이러한 삶을 상대세계의 삶이라고 한다.

상대세계란 이것과 저것이 있는 세상이다. 좋은 것과 나쁜 것이 있다. 예쁜 것과 추한 것이 있다. 검은 것과 흰 것이 있다. 옳은 것과 틀린 것이 있다. 우수한 것과 열등한 것이 있다. 선과 악이 있다. 남과 북이 있다. 그냥 손이면 될 것을 손바닥과 손등으로 나누고, 사람이면 될 것을 남자와 여자로 나눈다. 꽃이면 될 것도 예쁜 꽃과 미운 꽃으로 나누고, 먹을거리면 될 것을 맛있는 것과 맛없는 것으로 나눈다. 이 모든 것들은 '나'로서 '너'를 마주했기 때문에 생기는 결과물이다. 그것이 바로 상대세계이다.

상대세계에서 나온 답은 정답이 아니다. 왜 그럴 수밖에 없는가? 사람마다 만들어놓은 기준이 다르기 때문이다. 물론 보편적인 기준이 전혀 없다는 뜻은 아니다. 그러나 미인에 대한 기준만 하더라도 문화와 취향에 따라서 큰 차이를 보이는 것이 사실이다. 우리나라만 하더라도 옛날에는 살집이 어느 정도 있어야 미인이었으나 지금은 너도나도 예뻐지기 위해 살빼기 전쟁 중이다. 그런데 아프리카의 어느 나라는 뚱뚱한 여인이 가장 미인이라고 한다. 향기는 또 어떠한가. 필자의 경우는 삭힌 홍어 냄새를 무진장 싫어하지만 반대로 그것을 좋아하는 사람은 단지 이름만 듣고도 군침을 흘린다. 음악도 마찬가지다. 템포가 빠른 음악을 좋아하는 사람이 있고 부드러운 선율을 좋아하는 사람이 있다. 필자는 '고소'라는 향채香菜를 정말 좋아하지만 어떤 사람은 질색을 하기도 한다. 어디 그뿐이겠는가. 미국 입장에서는 오사마 빈 라덴이 테러리스트였지만 중동지역에서는 영웅이다. 안중근은 우리나라의 애국지사지만 일본인에게는 테러리스트일 것이다. 우리가 잊지 말아야 할 부분은 바로 상대세계의 모든 것은 오답일 수도 있다는 사실이다.

반면에 혼돈은 절대세계이다. 절대세계는 나와 너로 나뉘지 않은 삶이고 이 세상 만물이 하나인 삶이다. 따라서 네가 잘되는 길이 내가 잘되는 길이고 나의 행복이 곧 너의 행복이 된다. 사촌이 땅을 사도 배가 아플 이유가 없고 오히려 기쁜 일이다. 어떻게 하면 모두가 다 함께 잘 살아갈 수 있는지를 저절로 알고 그 길을 따르는 삶이 바로 절대세계의 삶이다. 그것이 바로 혼돈의 삶이다. 따라서 혼돈은 곧 자연이요, 생명이고, 진리이며, 사랑이 충만한 삶이다. 그렇기 때문에 노장사상의 진리는 무위無爲, 즉 나라고 하는 에고ego로 무엇을 행하지 않는 삶이다. 현玄, 즉 이것과 저것으로 구분되지 않는 삶이다. 무명無名, 즉 여러 이름으로 분별하지 않는 삶이다. 묘妙, 즉 앎으로 접근이 불가능한 삶이다. 혼돈混沌, 즉 나와 너로 나뉘지 않는 중도의 삶이다.

따라서 장자가 남쪽 바다와 북쪽 바다의 임금을 설정한 것은 상대세계에 사는 존재들을 설명하기 위함이었다는 것이 필자의 견해이다. 물론 중앙의 임금은 절대세계이다. 그 때문에 상대세계의 존재가 절대세계인 혼돈의 땅으로 가서 대접을 받는다. 혼돈의 대접은 융숭할 수밖에 없다. 중앙이란 무엇인가? 바로 중도中道이다. 다음에 상세히 설명하겠지만 분명한 건 중도 역시 진리의 또 다른 이름이라는 사실이다. 진리는 앞에서 설명한 것처럼 완전함이고 충만한 생명력이다. 그것 안에서 해결 불가능이란 없다. 그러므로 장자는 숙과 홀이 혼돈의 땅에서 매우 대접을 잘 받았다고 표현한 것이다. 그리고 그렇게 완전한 중도, 즉 혼돈이 죽은 이유는 바로 감각기관인 일곱 개의 구멍을 뚫었기 때문이다. '나'가 생겨났으므로 혼돈은 더 이상 혼돈이 아니다. 그것이 바로 혼돈의 죽음이다. 이만큼 기초 실력을 갖추었으니 이제부터는 노자의 말씀인 『노자』를 즐거워하며 읽을 수 있을 것이다. 너무 무겁고 딱딱하다고 하는 독자가 있을지도 모르겠다. 쉬어 가는 의미에서 다시 퀴즈 하나를 선물하고자 한다. 공자의 말씀이다(『논어』「옹야편」).

"아는 것은 좋아하는 것만 못하고, 좋아하는 것은 즐거워하는 것만 못하다〔子曰知之者不如好之者 好之者不如樂之者〕"는 말의 의미는?

많은 사람들이 "아는 것은 좋아하는 것만 못하고, 좋아하는 것은 즐기는 것만 못하다"고 해석함으로써, 즐겨야 한다는 데 초점을 맞추곤 한다. 크게 틀렸다고 할 수는 없겠지만 본질을 흐릴 염려는 있다.

인간관계를 예로 들면, 안다고 하는 것은 나와 그 사람은 별개인 상태이다. 그저 그가 누구인지를 알고 인사를 주고받을 정도이다. 하지만 좋아하는 사람은 일부러 찾아가서 만나는 정도이다. 그 사람의 일부분에 대해 공유하는 바가 있는 수준이라 할 수 있다. 반면 즐거워하는 상태는 그 사람 생각만 해도 행복해지는 단계이다. 같이 오래 함께 하고 싶은 사이고 함께 있으면 시간도 공간도 사라진다. 모든 불협화음이 사라져서 그 사람도 없고 나도 없다. 오직 우리가 있을 뿐이다.

악기를 다루는 것을 예로 들어도 마찬가지다. 안다고 하는 것은 악기를 어떻게 다루면 되는 지 배운 상태이다. 좋아하는 단계는 막 재미를 붙였으므로 악기를 계속 다루고 싶은 마음이 일어나는 상태이다. 즐거워하는 단계는 악기와 하나가 된 상태이다. 저절로 악기의 모든 기능을 연주해낸다. 내 생명과 악기의 생명이 공명하는 상태라 할 수 있다. 가장 아름다운 최고의 운율은 거기서 탄생한다. 그 자리가 바로 중도中道이다.

이 순간 필자는 독자들과 함께 노자를 알고, 노자를 좋아하고, 노자를 즐거워하게 되는 단계까지 가 보고 싶은 바람이 있다. 노자를 즐거워하려면 노자의 심장으로 걸어 들어가 그와 하나가 되도록 녹아야 한다.

행복이란… 진실과의 만남

제1장 진실의 세계

道可道非常道(도가도비상도): 도라고 할 수 있는 도는 참 도가 아니다. (또는 말로 표현된 도는 진짜 도가 아니다.)

名可名非常名(명가명비상명): 이름 붙일 수 있는 이름은 진짜 이름이 아니다. (또는 이름으로 불리는 것이 그것의 진짜 이름은 아니다.)

無名天地之始(무명천지지시): 무명(이름이 없는 것)이라고 하는 구별되기 전의 완전한 근원에서 천지가 비롯되고,

有名萬物之母(유명만물지모): 이름을 붙인 세계는 만물의 어머니이다. (즉 이름 붙인 세계에서 만물이 태어난다.)

故常無欲以觀其妙(고상무욕이관기묘): 그러므로 항상 무욕함(무아)으로써 그 묘를 보고,

常有欲以觀其徼(상유욕이관기요): 항상 유욕함(나)으로써 그 드러난 세계를 본다.

此兩者同出而異名(차양자동출이이명): 이 둘(유명과 무명)은 하나이지만 나와서 두 개의 다른 이름을 지닌 것이다. (또는 이 둘은 하나에서 나왔으나 이름을 달리한다.)

同謂之玄(동위지현): (그 둘을) 하나로 부를 것 같으면 현이다.

玄之又玄衆妙之門(현지우현중묘지문): 현하고 또 현하구나! 온갖 오묘한 것들이 나오는 문이여!

이제 도(道; 진리)에 대해 이야기할 때가 왔다. 여전히 서울의 각 전철역에는 지나가는 사람을 붙들고, "도를 아십니까?"라고 묻는 사람들이 있다. 그러고 보면 대한민국은 옛날이나 지금이나 진리에 목말라 하는 사람들이 매우 많다고 할 수 있다. 어차피 환인의 아들 환웅이 낳은 후손이니 우리는 분명 하늘의 후손(天孫)이다. 하늘이 고향인 사람들이 하늘(진리)을 그리워하는 것은 당연하다. 하늘이 의미하는 것은 문자 그대로 공간적으로 무한하다는 '하'와 시간적으로 영원하다는 '늘'의 결합이니 영원의 세계라 할 수 있다. 영원의 세계는 생사가 없는 세계이다. 생사를 뛰어넘는 것은 절대세계를 의미한다. 절대세계는 진리라고도 하는 실상實相의 세계이다. 그래서 옛날부터 우리 조상님들은 절박한 일이 생기면 하늘에 빌었다. 인식의 부족으로 인해 모든 것을 해결해수는 대상이 물리적인 푸른 하늘이라고 믿는 사람도 있지만 말이다. 물론 하늘〔天〕에 뿌리를 둔 가르침인 유교儒教 역시 하늘은 진리를 상징한다. 그 하늘, 즉 진리에 대한 장자의 말을 들어보기로 한다.

동곽자가 장자에게 물었다. "도란 어디에 있습니까?"

장자: "(도란) 있지 않은 곳이 없다."

동곽자가 물었다. "구체적으로 말해주시오."

장자: "땅강아지나 개미에게 있다."

동곽자가 물었다. "어찌 그리 낮습니까?"

장자: "돌피나 피(벼에 섞여 있는 잡초)에 있다."

동곽자가 물었다. "어찌하여 더욱 더 낮아집니까?

장자: "기와나 벽돌에도 있다."

동곽자가 물었다. "어찌하여 점점 더 심해집니까?"

장자: "똥오줌에도 있다."

동곽자는 말문이 막혀버렸다.

장자: "애초에 질문이 잘못되었다. 도가 어디 있다고 단정해서도 안 되고, 도가 사물을 초월한 것이라 여겨서도 안 된다. 지극한 도란 모든 것 속에 있다. 위대한 가르침 역시 이와 마찬가지이며, 도란 이름을 달리하나 어디에나 있어서 그 모든 것의 뜻은 하나인 것이다."(『장자』「지북유」)

장자 역시 도, 즉 진리란 이름을 달리하지만 어디에나 있다고 함으로써 『리그베다』의 진리에 대한 견해와 일치한다. 불교 또한 "부처님은 온 우주 전체를 몸으로 하므로 일체중생의 마음속에 들어 계신다. 그래서 이 마음으로 부처를 이루고 또한 이 마음이 바로 부처님이다"고 하였다(『관무량수경』). 이 말은 곧 진리를 벗어나 존재할 수 있는 것은 아무것도 없다는 뜻이다. 가장 견고한 다이아몬드나 바위와 같은 광물계와 허공을 포함한 동·식물계, 심지어 어떤 악인이라 할지라도 모두 진리를 지니고 있다는 뜻이다. 아니 오히려 진리 안에 있다는 뜻이 된다. 그래서 장자도 처음에는 땅강아지나 개미를 내세워 동물에게 있다고 하였다. 하지만 동곽자는 그렇게 미천한 존재에게 진리가 있느냐고 반문했다. 이어지는 장자의 대답은 식물계로 옮겨간다. 그것도 잡초이다. 논의 벼들 숲에 숨어 있어서 눈에 띄기만 하면 제거 대상인 잡초가 바로 '피'이다. 더욱 더 낮아진 것이다. 그 다음엔 광물인 기와와 벽돌, 마지막에는 혐오대상인 똥오줌에 있다고 하였다. 그리고 덧붙여 처음부터 잘못된 질문이었다고 말한다.

진리란 형이상形而上자임에 분명하다. 형태를 벗어난 존재이므로 존재라고 할 수 있는 대상이 아니다. 그렇다고 하여 진리는 모든 것을 초월해 있다고 해도 안 된다. 모든 것들이 진리를 벗어날 수 없기 때문이다. 그래서 진리란 말로 표현할 수 있는 대상이 아니라고 말한다. 그에 대해 『장자』「지북유」편의 내용을 대략 정리하여 소개하면 다음과 같다.

지知가 우연히 무위위無爲謂를 만나서 물었다.

“무엇을 생각하고 무엇을 헤아려야 도를 알 수 있습니까?”

“어떤 곳에서 어떤 행동을 하면 도에 편히 머물 수 있습니까?”

“무엇을 따르고 무슨 방법을 쓰면 도를 터득할 수 있습니까?”

지가 세 번이나 물었으나 무위위는 대답하지 않았다. 대답하지 않은 것이 아니라 대답을 모르는 것이었다. 지知는 묻고도 대답을 듣지 못한 채 광굴을 만나 똑같은 질문을 했다.

광굴이 말했다.

“아! 나는 그것을 안다. 말해주지” 하면서 말하려다 도중에 하려던 말을 잊어버리고 말았다.

지는 (하는 수 없이) 궁전으로 돌아가 황제에게 물었다.

황제는 다음과 같이 대답했다.

“아무것도 생각하지 말고 헤아리지도 않아야 비로소 도를 알게 되고, 아무 곳에도 있지 말고, 아무 행동도 하지 않아야 비로소 도에 편히 머물 수 있게 되며, 아무것도 따르지 않고 어떤 방법도 쓰지 않아야 비로소 도를 얻게 되오.”

지가 황제에게 말하였다.

“나와 당신은 도에 대해 알고 있습니다만, 저 무위위와 광굴은 알지 못합니다. 그렇다면 어느 쪽이 옳은 것일까요?”

황제가 말했다.

"무위위야말로 진실로 도를 아는 사람이오. 광굴은 진리에 가까이 간 사람이고 나와 자네는 아직 멀었다네. (참된 도를) 알고 있는 사람은 말로 나타내지 않고, 말하는 자는 도를 모른다네. 그래서 성인은 불언지교(不言之敎; 말로 하지 않는 교육)를 실천한다네. 도란 이루어서 닿을 수 있는 것이 아니고, 덕은 도달할 수 있는 것이 아니라네. 도를 닦는다는 것은 날마다 덜어낸다는 것이오. 덜어내고 또 덜어냄으로써 무위無爲의 경지에 이르게 되오. (무위의 경지에 이르면) 하지 않으면서도 하지 않음도 없게 된다네."

우선 장자가 지은 이름인 '지'와 '무위위'가 재미있다. 지知는 말 그대로 지혜로운 앎이 아니라 헤아리고 따져서 아는 지식의 앎이란 의미가 강하다. 반면 무위위는 무위라 불리는 사람이다. 무위는 '나'를 버린 사람이다. 거짓의 '나'를 버렸다는 뜻이다. 그야말로 진실된 사람, 깨달은 사람, 자연인, 혼돈과 상통하는 의미를 지닌 사람이다. 따라서 한마디로 앎을 추구하는 사람이 진리를 깨달은 사람에게 질문하는 형식이라 할 수 있다.

무위위는 대답을 못한다. 대답을 하려면 '나'가 있어야 하는데 이미 그 '나'가 사라진 사람이기 때문이다. 어쩌면 대답을 했으나 앎을 추구하는 지知가 못 알아들었을 수도 있다. 마음의 소리를 듣는 수준이 안 되었으니 말이다. 일상에서도 항상 의식하지 못한 채 무엇인가에 몰입되어 있는 사람이 있다. 그 사람에게 어떻게 그렇게 할 수 있느냐고 물으면 뜻밖의 질문에 당황하며 대답을 못하는 경우가 있다. 한 예로 2003년 MBC에서 방영된 '대장금'이란 드라마가 있었다. 그 드라마의 주인공인 장금은 절대미각의 소유자였다. 그런데 극중 장금에게 음식맛을 묻는 대목이 나오고 장금은 홍시맛이 난다고 하였다. 그때 그 질문을 했던 상궁이, "어떻게 음식에 홍시가 들어갔음을 알았느냐?"고 물었다. 어린 장금이는 "홍시 맛이 나서 홍시 맛이 난다고 했을 뿐인데 어찌 그걸 아느냐고 물으시면…" 하며 당황했던 장면을 기억할 것이다.

장자는 어떤 방법이나 헤아림, 어떤 장소에 머무는 것으로는 진리와 하나가 될 수 없다고 하였다. 바로 이것이 분석하고 따져서 얻고자 하는 사람의 한계를 지적한 말이다. 분석하고 따지는 사람은 상대세계에 발을 딛고 서 있는 사람이다. 따라서 명확하게 규정하기를 좋아한다. 그뿐만 아니라 모든 것은 말로 설명이 가능하다고 믿는다. 하지만 진리라는 것이 어찌 말로 설명이 되겠는가. 말로 설명하려면 이 세상이 멈추는 날(물론 멈추는 일이 없겠지만)까지 계속 설명해도 모자라는 것이 바로 진리이다. 따라서 단 몇 장의 분량으로 진리를 설명한다면 그것은 곧 빙산의 일각에 불과하다. 마치 커피 맛을 본 사람이 커피 맛을 못 본 사람에게 아무리 커피 맛을 설명해도 진짜 커피 맛을 알 수 없는 것과 같은 이치이다. 무위위가 설명을 할 수 없었던 것은 그 때문이다.

반면 장자는 무위라고 하는 진리에 도달하기 위해서는 덜어내야 한다고 말한다. 무엇을 덜어내라는 말인가? 앎을 덜어내라는 말이다. 앎을 덜어내면 어떻게 무위, 즉 진리에 도달할 수 있겠는가? 바로 그것이 앎의 병통이다. 앎을 통해서 도달할 수 있다고 믿는 사람은 앎이 사라지면 바보가 되는 줄 안다. 하지만 한 번 생각해 볼 일이다.

"이 세상에서 일가一家를 이룬 사람은 과연 앎을 통해서 도달했을까?"

과학자도 좋고 예술가도 좋고 철인哲人도 좋다. 자기가 몰입했던 분야에서 일가를 이룬 사람은 앎이 끊어진 단계에서 비로소 무엇인가를 체험한다. 체험한다기보다는 무엇인가를 얻는다. 그때의 그 무엇이 바로 진리의 한 조각이다. 한 조각이지만 전체이다. 부피를 헤아릴 수 없고 힘을 측량하기 어려운 것이 진리이기 때문이다. 그 유명한 추사秋史 선생이, "9,999분分은 그려낼 수 있으나 나머지 1분은 원만히 이루어내기가 가장 어렵다. 9,999분까지는 거의 대부분 가능할 수 있으나 그 나머지 1분은 사람의 노력으로 미칠 수 있는 것이 아니다. (하지만) 또한 사람의 노력

밖에서 나오는 것도 아니다"고 한 이유가 거기에 있다.

사람이 제아무리 모든 감각기관을 총동원해서 앎을 추구한다고 하여도 언제나 진실은 앎 너머에 있다는 뜻이다. 오히려 진실을 알기 위해서는 모든 감각기관이 쉬어야 한다는 뜻이다. 그것이 바로 거짓 '나'를 완전히 벗어났을 때 맞닥뜨리는 '진리=참'이다. 또 이 세상사람 누구나 노력할 수는 있지만 노력하는 모든 사람에게 기회가 오는 것은 아니다. 죽어라 애쓴다고 해서 주어지는 것이 아니란 뜻이다. 정성을 다하고 마음을 다해 앞으로 나아갈 때 그 끝자락에서 모든 앎이 끊어지며 불현듯 진리와 마주치는 것이다. 소위 '은총'과도 같이 쏟아지는 선물이다. 은혜로운 축복이란 뜻이다. 그래서 추사는 사람의 노력 밖에 있지도 않지만 노력으로 도달할 수 있는 것도 아니라고 하였다.

불교에서 자신을 결박했던 모든 앎의 구속에서 완전히 벗어났을 때(해탈) 얻어지는 자재自在, 적정寂靜, 온전한 생명(무량수), 물질 영역을 벗어난 광명(무량광)의 세계이고, 안락安樂이며, 모든 번뇌가 꺼진 열반涅槃, 이 모든 것이 찰나에 이루어지는 것과 같다. 죽을 힘을 다해서 나아가지만 정작 완성되는 순간은 찰나이다. 그때가 바로 마지막 1분이 채워지는 순간이다. 그 순간부터는 모든 것이 저절로 된다. 저절로 되므로 자연이며 무위이다. 장자가 무위의 경지에 이르면 "하지 않으면서도 되지 않음이 없게 된다〔無爲而無不爲〕"는 뜻이 바로 그 경지이다. '내'가 있어야 무엇을 하는 주체도 있지만 '내'가 사라지고 나면 무엇을 하는 주체도 사라진다는 뜻이다. '나'라는 의식으로 무엇을 하지 않는다는 뜻이다. 마치 통달한 운전자는 운전을 한다는 생각 자체는 사라졌지만 운전을 매우 잘하는 것과 같은 이치이다. 최고의 명인名人이 무엇을 하겠다는 의식 없이 훌륭한 예술품을 만들어내는 것과도 같다. 그처럼 모든 의식을 내려놓았을 때 비로소 드러나는 자리, 즉 저절로 이루어지는 자리를 실상, 혹은 진실이라고 한다. 그리고 그 진실과 만났을 때 우리는 환희로운 삶, 즉 행복한 삶의 주인으로 거듭나게 된다. 지금부터 진리라 불리는 진실의 세계에 대한 노자의 말을 직접 들어보기로 한다.

"말로 표현된 진리는 진짜 진리가 아니다(道可道非常道)."

진리는 말로써 설명할 수 없다는 뜻이다. 말은 단지 진리를 가리키는 도구, 즉 손가락일 뿐이란 뜻이다. 부처님께서도 45년 동안이나 설법을 하시고도, "나는 한 마디도 하지 않았다"고 한 말의 의미도 거기에 있다. 8만4천이나 되는 법문이 모두 진리를 설명하고 있지만, 그 법문이 곧바로 진리 자체일 수는 없다는 뜻이기도 하다. 물론 부처님께서 설명한 모든 법은 '나'라고 하는 존재가 설명한 것(유위법)이 아니라 무아(無我; 무위법)로서 설한 것이라는 뜻도 된다. 그렇기 때문에 묘법이면서 묘법 자체는 아니기도 하다는 뜻이다.

필자 스스로 생각해도 글이 많이 무거워진 느낌이다. 더 무거운 이야기일 수도 있겠지만 '바람'이 되어 가벼워지도록 돕고 싶은 마음에 좋은 글 한 편 소개하기로 한다. 『숫타니파아타』의 내용이다.

소리에 놀라지 않는 사자처럼
그물에 걸리지 않는 바람처럼
진흙에 더럽혀지지 않는 연꽃처럼
무소의 뿔처럼 혼자서 가라.

다음은 이름에 대한 노자의 말씀이다.

"이름으로 불리는 것이 그것의 진짜 이름은 아니다(名可名非常名)."

필자는 인식에 대한 설명할 때면 학생들에게 다음과 같은 질문을 하곤 한다.

필자: "(필자를 손가락으로 가리키며) 김용남이 이 물건입니까?"

학생들: "(너무나 당연하다는 듯) 예!"

필자: "(이번에는 칠판을 가리키며) 이것은 칠판이 맞습니까?"

학생들: "(어이없다는 표정으로) 예!"

필자: "(책을 가리키며) 이것은 책입니까?"

학생들: "(약간은 짜증이 섞이며) 예!"

필자: "(앞에 앉은 학생을 가리키며) 이 학생에게 김용남이라 부르면 안 됩니까?"

학생들: "?네! ??네?"

그때서야 학생들은 일부 알아듣기도 하고 일부는 당연히 안 된다는 대답을 한다. 앞에서도 설명하였지만 반복도 학습이라 위안하며 사족을 붙여보기로 한다. 이름은 약속기호이다. 시어머니가 며느리를 '아가', '며느리', '에미', '어멈', '이쁜이', '못난이(애칭)' 가운데 무엇으로 부르든 소통하기 위한 기호이다. 심지어 기분 좋을 땐 '이쁜이'였겠지만 악연으로 끝나게 되면 언제든 '웬수'로 바뀔 수 있는 것이 이름이다. 또 우리나라에서는 붉고 둥근 과일을 '사과'라고 부르기로 약속했기 때문에 우리에게는 그 과일 이름이 사과이다. 그러나 미국에서는 'apple'로 약속되었으므로 미국인에게는 그 과일 이름이 'apple'이다.

김용남의 이름이 필명인 김법재나 불명佛名인 김영헌으로 불리지 말란 법이 없다는 뜻이다. 어떤 이름을 갖다 붙여도 괜찮다는 말은 진짜 이름이 아니란 뜻이다. 오직 그에게는 이름 하나밖에 없고, 그 이름을 절대로 다른 대상에는 붙일 수 없을 때 비로소 진짜 이름이라 할 수 있다.

불교에서는 모든 존재를 부처님이라 한다. 그러므로 김용남도 부처님이다. 이웃집 개도 부처님이다. 나무도 부처님이고 장미꽃도 부처님이다. 즉 불교의 입장에서는 이 세상 모든 것이 부처님이며 그 이름만이 진실이다. 만약 오늘부터 대한민국에서 모든 '안경'을 '눈알'이라 부르기로 한다면, 후대의 사람들에겐 '눈알'이란 명칭이 지금 안경이라 부르는 물건의 자연스런 이름이 될 것이다. 세상에 존재하는 모든 것들이 다 그렇다.

조금 더 확장하면 어떤 사람 통장에 1,000억쯤 들어 있다고 해서 그 돈이 꼭 그 사람의 돈은 아니다. 언제든 어느 누구의 돈으로 바뀔 수 있다. 이 세상의 어느 것도 누구의 소유가 될 수 없다는 뜻이다. 본래부터 소유되었던 적이 없었으므로 언제든 약속에 따라 바뀔 수 있고, 또 바뀌었다고 해서 그것에 붙들릴 수도 없다. 그렇다면 진짜 완전한 이름은 무엇일까? 언젠가 필자의 스승이신 고故청화스님께서는 "여러분의 진짜 이름은 아미타불입니다"라고 하셨다. 새겨들어야 할 말씀이다. 이어지는 노자의 말이다.

"무명(이름이 없는 것)이라고 하는 구별되기 전의 완전한 근원에서 천지가 시작되고(無名天地之始)"

무명無名이란 이름 붙이기 전의 세계란 뜻이므로 인식 이전의 세계를 말한다. 앞에서 설명했던 혼돈의 세계이며 도道의 세계이다. 혼돈, 즉 진리는 모든 것의 뿌리이고 바탕이며 원천이다. 그곳에서 천지가 비롯되었다는 말이다. 동양학에서 천지는 대체로 다른 말로 음양이라는 의미로 쓰인다. 음양이란 존재계를 설명하는 말이다. 그러므로 변화의 원리라고도 할 수 있다. 다시 말해서 도의 세계에서 존재로 드러나는 세계가 열리는데 그 세계는 모두 둘로(상대로) 이루어져 있다는 뜻이다. 『아함경』에 이런 이야기가 있다.

어느 장자의 집 초인종이 이른 새벽에 울렸다. 장자가 나가 보니 향기롭고 아리따운 여인이 서 있었다. (얼마나 반가웠겠는가? 게다가) 그 여인의 말인즉, "나는 행운의 여신이며 당신에게 행운을 주고자 왔습니다"라고 하였다. (장자의 기분이 어땠겠는가는 상상하고도 남음이 있을 것이다. 얼싸안아 들어가고 싶은 심정으로) 그 여인을 맞이하며 문을 닫으려는 찰나에 또 한 번 초인종이 울렸다. (아마 장자는 짜증이 났을 것이다. 빨리 행운을 받아야 하는데 그 걸음이 붙들렸으니 말이다. 그런데) 이번에는 아주 흉측하게 생긴 여인이 악취를 풍기면서 하는 말은, "나는 불행의 여신이고 당신에게 불행을 드리러 왔습니다"라고 하였다. (얼마나 어이없었겠는가.) 장자는, "썩 꺼져라!"며 화를 내고 돌아서려 하였다. 그런데 그 여인이 이렇게 말하였다. "당신이 데리고 들어가고자 하는 그 행운의 여신과 나는 한 몸이랍니다. 만약 당신이 그 여인을 데리고 들어가면 그 순간 나도 함께 들어가게 되고, 나를 내치면 그 순간 그 여인도 따라서 나오게 됩니다."

『주역』「계사전」에는, "일음일양지위도一陰一陽之謂道 계지자선야繼之者善也"라는 말이 있다. 이것을 풀이하는 데는 의견이 분분하다. 그러나 대체로, "음했다가 양했다가 하는 것이 도이고, 그것을 계승하는 것이 선이다."라고 풀이한다. 하지만 불교를 하는 필자의 입장에서 접근했을 때는 조금 해석이 달라진다. 필자의 견해로는, "하나가 음이면 하나는 양인 것이 도이고, 도의 작용을 따르는 것이 선善이다"라고 풀어야 된다고 생각한다. 필자가 그렇게 주장하는 이유는『주역』이 '변화의 원리'를 설명한 책이라는 데 그 근거가 있다. 변화는 존재하는 모든 사물에서 일어난다.

이 세상에 존재하는 모든 것은 서로 마주하고 있다. 여자가 있으면 남자가 있고, 고운 게 있으면 미운 게 있다. 그 모든 것은 서로 의지하고 있다. 불교식으로 풀면 연기법이다. 그저 사람일 뿐이지만 여자를 세웠기 때문에 남자가 따르는 것이다. 그러나 둘이 본래부터 존재하는 것은 아니다. 그렇다고 해서 남자와 여자가 도(진리)인가? 그것은 아니다. 그렇다면 음양이 도(진리)인가? 그것도 아니다. 쉬운 예로 안중근은 애국지사인가, 테러리스트인가? 빈 라덴은 테러리스트인가, 아니면 영웅 내지는 애국지사인가? 진실의 입장에서 본다면 그저 한 현상이지만, 어느 한쪽 입장에 놓이면 애국지사도 되고 테러리스트도 된다는 뜻이다. 모든 것은 이와 같다. 이 세상이라고 하는 것은 심지어 떡잎조차도 둘로 짝을 이루어 나온다. 둘이 온전한 하나를 표현한다는 뜻이다.

이왕 시작했으니 선善에 대해서도 한 번 짚고 넘어가기로 한다. 사람들은 착하다고 말하지만 정작 착한지 악한지는 누가 가려줄 것인가? 무진장 착해서 이웃을 위해, 형제를 위해 헌신한 사람이 있다고 하자. 그 결과 그 이웃이나 형제가 홀로 설 수 있는 의지를 상실했다면 그것은 선인가, 아니면 악인가?

불교에서 관세음보살님의 얼굴은 11면이다. 대자대비하신 관세음보살의 얼굴 표정이 11가지 모습이라는 뜻이다. 중생이 진리와 하나가 되고자 열심히 노력하고 있으면 웃는 얼굴 모습을, 진리를 거스르며 살아가는 중생을 향해서는 슬픈 얼굴을, 화합을 깨뜨리는 중생을 향해서는 분노의 얼굴을 드러낸다. 그것은 우리 일상생활에서도 그대로 재연되고 있지 않은가?

자녀가 잘못 가면 부모님이 매를 들지만 그것이 자녀를 해치고 싶어서이겠는가? 그래서 진정한 대자대비, 즉 사랑은 '반야'

라고 하는 지혜가 뒷받침되지 않으면 행하기 어렵다고 하는 것이다. 반야는 실상을 꿰뚫어보는 지혜이다. 대승불교에서 보살이 중생을 제도하겠다고 닦는 5바라밀 행도 마찬가지다. 만약 반야바라밀, 모든 것을 훤히 꿰뚫는 지혜가 없는 중생제도는 진정한 의미의 바라밀이 될 수 없다고 하는 이유도 거기에 있다. 그런데 보살의 경지는 반야(지혜)가 바탕이 되어 있는 위치이다. 그렇기 때문에 그들이 행하는 모든 행위나 말은 바라밀이 될 수 있다는 뜻이다. 바라밀이 엄격한 의미에서 보살들이 닦는 수행법이라고 말하는 이유도 그 때문이다. 그렇다고 해서 평범한 사람은 모두 바라밀을 포기하라는 말은 아니다. 끊임없이 스승과 불법佛法과 자신의 자성불(내면에 들어 있는 부처), 즉 영지靈智를 바탕으로 점검하며 나아가야 한다. 그것이 우리가 할 일이다. 다음 내용을 살펴보기로 한다.

"이름 붙인 세계에서 만물이 태어난다(有名萬物之母)."

이름이 붙여진 세계는 분별되어 차별성으로 존재하는 세계를 일컫는다. 따라서 만물이 각각의 모습을 드러내게 되므로 유명有名을 만물의 어머니라고 한 것이다. 그렇다면 존재계, 즉 이 세상은 왜 생겨나는가?

불교에서는 이 세상은 오직 마음이 만들어내는 것이라고 하였다. 각자가 살아가는 세상은 모두 각자의 마음이 만들어냈다는 뜻이다. 『화엄경』에서 '일체유심조一切唯心造'라고 하는 것도 그런 이유에서다. 한 생각이 일어나기 때문에 한 세계가 열린다는 뜻이다. 그 한 생각은 어디를 근거로 해서 일어나는가?

12연기법에 의하면, 애초에 존재세계가 생겨나는 원인은 집착하여 소유한 데(取)서 비롯된다. 무엇인가를 애착하여 취함으로써 존재(有)의 세계로 떨어지는데, 대략 네 가지 경우가 있다.

첫째는 재물, 이성, 먹는 것, 명예, 잠에 대한 다섯 가지 욕망에 의한 집착으로, 그것을 취했기 때문에 사람마다 거짓 '나'라고 하는 프로그램이 형성되었다는 뜻이다. 그것을 욕취欲取라고 한다.

두 번째는 사상 혹은 종교적 신념이나 이념과 같은 것에 집착하여 그것을 취했으므로, 거짓 '나'라고 하는 프로그램이 형성되었다는 뜻이다. 대략 설명하자면 일단 사람은 죽으면 끝이라고 하는 생각, 죽더라도 정말 죽는 것이 아니라는 생각, 불교의 핵심이라지만 인과는 없다고 단정하는 생각, 자신의 몸이 진짜 자신이라고 여기는 생각과 같은 것들이다. 이것을 견취見取라고 한다.

세 번째는 올바르지 않은 계율이나 금지사항을 최고라고 생각하여 집착함으로 인해 역시 '나'라고 하는 프로그램이 만들어졌다는 것이다. 그것을 계금취戒禁取라 한다.

네 번째는 언어로 표현된 '자아'에 집착하여 그렇게 묘사된 자아가 실재라 여기고 집착하는 것이다. 그것을 아어취我語取라 한다.

이렇게 취해진 틀(내면의 프로그램) 안에서 감옥과도 같은 각자의 세계가 형성된다. 이러한 세계는 바로 윤회에 들게 되며 욕계, 색계, 무색계로 나뉜다. 그곳, 즉 삼계三界가 바로 '거짓 나'가 살아가는 세상이라 생각하면 된다. 그 영역이 넓으면 그릇이 크다 하고, 그 영역이 좁으면 그릇이 작다고 한다. 이 활동영역은 사람마다 차이가 매우 크다. 거듭 밝히지만 이 세상에 무수히 많은 사람들이 살고 있으나 우리 모두는 전혀 다른 각각의 세상을 살아가고 있다. 한 형제, 심지어 쌍둥이라 할지라도 그들이 만들어놓은 세계는 다르다. 그러므로 사람마다 인식하는 것이 다 다를 수밖에 없다. 그런데 중요한 것은 그 모든 것들이 다 몽환포영(夢幻泡影; 꿈, 환영, 물거품, 그림자)과 같은 허상이라는 데 있다.

실제로 이 세상에 존재하는 모든 물질과 비물질 가운데 절대로 그 거짓된 '나'가 될 수 없는 것은 없다. 이 말은 이 세상의 모든 것이 나일 수 있다는 말이다. 순간 찰나마다 '나'를 매개로 이곳에서 저곳으로, 혹은 저곳에서 이곳으로 넘나들며 소용돌이치는 실체가 바로 '나'이기 때문이다. 이 말은 곧 '나'와 '너'는 애초부터 존재하지 않았다는 말이다. 다만 우리들 각자가 만들어 놓은 '나'와 '너'가 있었을 뿐이다. 그것을 불교에서는 오온五蘊, 십이처十二處, 십팔계十八界로 설명한다.

오온이란 말 그대로 다섯 가지의 쌓임이다. 다섯 가지가 쌓여서 거짓된 '나'를 만들어냈다는 뜻이다. 몸을 이루는 색色과 정신을 이루는 수受·상想·행行·식識이다. 좀 더 정확히 말하자면 신체를 이루는 거친 물질과 정신을 이루는 섬세한 물질이다. 신체를 이루고 있는 성분은 말 그대로 땅 기운, 물 기운, 불 기운, 바람 기운이다. 거친 물질세계라 할 수 있다. 정신을 이루고 있는 수·상·행·식을 구체적으로 풀어보면 다음과 같다.

수受는 느낌을 말한다. 느낌에는 우선 땅 기운, 물 기운, 불 기운, 바람 기운으로 형성된 거친 물질인 몸〔色〕의 감각기관이 느끼는 상쾌함이나 유쾌감, 불쾌감의 감수작용이 있다. 다음으로는 정신이 느끼는 즐거움, 고통스러움, 고통스럽지도 않고 즐겁지도 않음을 느끼는 마음작용을 수受라 한다. 다시 말해서 모든 접촉하는 대상을 감지할 때 힘들게 느끼거나 즐겁게 느끼거나 혹은 그 둘 다 느끼지 않게 되는 것을 감수작용이라 한다. 그것이 한두 가지가 아니라 수없이 많기 때문에 쌓여 있다는 의미로 온蘊을 써서 수온受蘊이라 한다. 상想은 앞에 나타나는 대상을 접촉하여 감수작용에 의해 받은 느낌을 마음속으로 받아들여 비교하고 헤아리는 마음작용을 말한다. 이때 기준은 이미 내면에 쌓여 있던 개념으로, 이 기준에 의해 즉각적으로 비교하여 부지불식간에 '무엇은 이러하다'는 식으로 생각하는 것이 바로 상想이다. 아름답고 추한 것, 많고 적은 것, 높고 낮은 것, 크고 짧은 것 등으로 비교하여 개념화한다. 그렇기 때문에 의도나 의지가 개입되기 진의 생각이라 할 수 있다. 그러므로 아주 표층의 생각이다. 역시 수없이 많으므로 상온想蘊이라 한다. 행온行蘊이란 직접 실천으로 옮겨가는 의도를 가진 모든 연상작용을 통틀어 행이라 한다. 즉 의도, 주의 기울임, 집중, 의욕, 선한 마음, 선하지 않은 마음을 포함한다는 뜻이다. 그렇기 때문에 불교에서는 행行이 곧바로 업業을 형성한다고 한다. 물론 신체적인 행동, 입으로 하는 말도 업으로 연결된다. 따라서 오온에서의 행行은 의도나 의지에 의하여 뜻으로 구체화되거나, 말과 행동으로 이어지게 하는 모든 것을 행온行蘊이라 한다. 끝으로 식온이란 대상을 식별하여 분별하고 판단하는 인식 작용을 말한다.

사실 일반적인 경우에는 물질이라고 하면 신체를 이루고 있는 지수화풍地水火風 네 가지만을 떠올릴 것이다. 그러나 그렇지 않다. 우리가 생각하는 정신도 물질이다. 이것은 우파니샤드나 불교에서 허상(幻)으로 설명하는 오온, 즉 몸과 정신을 모두 공空으로 설명하는 데서도 알 수 있다. 그뿐만 아니라 아인슈타인 역시 과학적으로 밝힌 바 있다. 한 생각이 일어나면 바로 물질이 생긴다는 것이다. 그 말은 생각도 물질이라는 뜻이다. 어찌 물질이 아닌 것이 사람을 어둡게 할 수 있다는 말인가. 무명無明이라고 하는 이유는 밝음을 가리는 무엇이 있기 때문에 밝지 못하다는 뜻이 아니겠는가? 진리의 바탕이 곧바로 발현되는 지혜가 아니라면, 일반적인 정신의 영역은 물질의 영역으로 넣어야 마땅하다.

명상에서 사념이 바로 물질이라고 하는 이유도 거기에 있다. 수행을 통하여 정화되고 나면 오온五蘊은 형체도 없이 사라지게 되기 때문이다.

그렇기 때문에 흔히 마음을 찾는다고 할 때의 마음은 지금 말한 오온 가운데 정신에 해당하는, 느낌〔受〕·비교 생각〔想〕·지어감〔行〕·식별주체〔識〕인 이 4온을 말하는 것이 아니다. 4온으로 구성되어 있는 마음은 말 그대로 '참나'가 아니라 '손님'이고 '도둑'인 셈이다. 바로 번뇌의 덩어리일 뿐이다. 손님, 즉 도둑이 들어와서 주인행세를 하므로 주인처럼 지혜로울 리가 없다. 그렇기 때문에 늘 헷갈리는 존재가 바로 중생이다. 그래서 불교에서는 우리들 모두 주객이 전도되어 살아가고 있다고 한다. 주인이 주인노릇을 하지 못하기 때문에 객이 주인행세를 한다는 뜻이다. 실제로도 수행에 뜻을 두고 조금만 관찰하면 바로 주객이 분리되는 체험을 한다.

맹자도 이와 아주 흡사한 말을 하였다. 구방심求放心, 즉 '놓아버린 마음을 찾는 것'으로써 학문의 원칙을 세운 사람이 바로 맹자이다. 본인이 똑똑하다고 자부하면서 살아가는 사람들에게 맹자는 일침을 놓는다. 집에서 기르던 개와 닭이 집을 나가면 찾겠다고 온 동네를 찾아 헤매지만, 정작 자기 자신은 마음을 잃어버리고도 찾을 줄을 모른다고 하였다. 여기서 찾아야 하는 마음은 바로 진짜 주인공인 본성을 찾으라는 말이다. "사촌이 땅을 사면

배가 아프다"고 하는 그런 시기와 질투, 욕망으로 얼룩진 그 도적과 같은 마음을 찾으라는 게 아니다. 이웃과 화합하고 이웃이 남이 아님을 알아 모두 다 함께 잘 살기를 바라는 본성을 찾으라는 뜻이다. 이와 같이 성현들은 실제로 마음 안에 주인과 주인 아닌 객이 있음을 알았으므로 실제를 찾으라고 한 것이다.

문제는 수상행식으로 구성된 마음은 물질이어서 영원하지가 않다는 것이다. 그야말로 변덕이 죽 끓듯 하는 것이 바로 중생의 마음이다. 그러므로 오온이 모두 공空하다는 이치가 성립되는 동시에 무아無我가 성립된다.

다음은 12처에 대한 설명이다. 눈·귀·코·혀·몸·뜻이라고 하는 여섯 뿌리와, 그것들이 만나는 모습·소리·냄새·맛·감촉·이론이라고 하는 여섯 대상을 합하여 12처라고 한다. 이 여섯 뿌리(六根)를 통하여 바라보는 대상도 내면에 만들어진 프로그램, 즉 인식의 틀에 의지한다. 다시 말해서 진실 그대로 보지 못하고 각자가 자기가 만들어놓은 조건에 따라 대상을 인식한다는 뜻이다. 그 만들어진 조건을 업식業識이라 한다.

눈이 색깔이나 모양을 만났다고 바로 식별할 수 있는 것은 아니다. 식별하는 바탕에는 식識이 있다는 의미이다. 귀나 코, 혀, 몸, 뜻도 마찬가지다. 그렇게 눈이 색을 구분하는 데는 안식眼識이 작용한다. 귀가 소리를 구분하는 데는 이식耳識, 코가 냄새를 식별하는 데는 비식鼻識, 혀가 맛을 식별하는 데는 설식舌識, 몸이 촉각을 식별하는 데는 신식身識, 뜻이 법法을 식별하는 데는 의식意識이 각각 작용한다. 이렇게 해서 여섯 뿌리와 여섯 대상과 여섯 식을 합하면 18계이다. 18계가 바로 중생들이 각자 저마다 만들어낸 세상이다. 이들 가운데 이해도 어렵지만 이해하지 않으면 안 되는 것이 바로 식識이다. 식識은 모든 존재의 시작이며 동시에 끝이라 할 수 있다. 식識으로 말미암아 모든 존재계가 차별화하고 이 세상에 모습을 드러내게 되기 때문이다. 절대세계인 무명의 세계와 상대세계인 현상계, 즉 유명의 세계는 둘이 아니지만 둘로 인식되는 단초를 제공하는 것도 바로 이 식이다.

그런데 너 나 할 것 없이 이 식識의 문제에 맞닥뜨리면 어렵다는 생각이 앞서 망설여지게 마련이다. 그렇다고 해서 그냥 덮어버릴 수도 없는 것은 앞에서 말했다시피 모든 중생계의 시작이고 끝이라는 데 있다. 식을 빼면 업業도 성립이 안 된다. 그뿐만 아니라 8식인 아뢰야식은 업의 주체이다. 실제로는 이렇게 주체니 객체니 정의를 내리면 안 된다. 8식이라 할 지라도 실체가 있는 것은 아니기 때문이다. 8식은 한 생각 돌이켜 깨닫고 보면 본래 있었던 물질이 아니다. 그러므로 흔히 그림자에 비유하곤 한다. 그런데도 8식이 얼마나 지독한지 수행단계를 설명해놓은 『화엄경』「십지품」에 따르면 보살8지에 이르러서야 겨우 정화된다고 하였다. 그것은 보살8지를 넘어가야 업이 소멸된다는 뜻이다. 보살지위까지 올라가기도 힘겨운데 거의 성불成佛에 가까운 8지까지 가야 소멸된다는 것만 보아도 알 수 있다.

이와 같이 우리를 중생이게 하는 8식은 우리의 내면 가장 깊숙이 자리잡고 있으면서 모든 것을 쥐락펴락하는 실제 주인공이다. 업業, 다시 말해 중생을 중생이게 하는 주인공이란 뜻이다. 본래의 자성불(自性佛; 중생 각각의 내면에 있는 부처)로서의 '참나'가 아니라, 자성불을 가려놓고 주인 행세하는 중생으로서의 가아假我이므로 손님이나 도적, 혹은 강도라고도 한다. 굳이 현대적인 언어로 풀이한다면 사람에게 내재된 일종의 프로그램이라 할 수 있다. 그 프로그램은 인식의 창이다. 그 창으로 인해서 호오와 무반응이 나타난다. 그러므로 순수본연의 성품이 장애를 받아 왜곡되게 하는, 이른바 업의 주체라 할 수 있다. 이른바 순수본성이 그 그림자와 같은 업에 장애를 받으므로 물들었다거나 때가 끼었다는 표현을 하기도 한다. 다섯 가지 쌓임이라 할 때의 오온五蘊에서 마지막인 식識이 바로 이 8식이다.

참고로 7식은 업식인 8식에 의하여 왜곡된 것을 실체로 인식하여 집착하는 식이다. 그렇기 때문에 잠재의식이라 할 수도 있는 이 7식은 집착이 강하다. 물든 것을 모르므로 그 자체를 자신인 줄 착각한다. 따라서 끊임없이 이기적으로 헤아리게 된다. 오온에서의 네 번째인 행온行蘊이 여기에 해당한다고 할 수 있다. 물론 제거되어야 할 대상이다. 6식은 표층에서 헤아리는 생각을 말한다. 물론 오염된 7식에 의거하여 끊임없이 분별을 일으키는 식이다. 오온에서의 세 번째인 상온想蘊에 해당한다. 마지막으로 전오식은 감각기관이라 할 수 있는 눈, 귀, 코, 혀, 몸을 통해 식별하는 식이다. 단지 대상과 만남으로써 곧바로 감정을 드러내게 된다. 물론 그 뿌리는 8식이며, 8식의 프로그램에 따라 집착하거나(탐심) 거부함(진심), 혹은 무관심(치심)으로 나타난다. 그때의 반응이 바로 감정인 수온受蘊이며 오온의 두 번째이다. 많이 복잡하지만 다시 한 번 좀 더 풀어보기로 한다.

우주 전체에 충만한 불성광명佛性光明의 식을 우주의식이라고 부르기로 한다. 좀 더 쉽게 말해서 우주의 마음이다. 그것을 보편적 언어로 진리라고 부른다. 이름 붙여 부를 수 있는 대상이 아니므로 저마다 나름의 의미를 부여한 이름은 셀 수도 없이 많다. 그것은 존재한다고 말하려 해도 이미 존재를 벗어나 있다. 식識으로 명명할 때는 건율타야식이다. 건율타야식은 우주를 가득 메우고 있는 진실한 보편적 부처의 세계이다. 개별적으로 내재되었을 때는 암마라식, 즉 자성불이라 한다. 암마라식을 회복하면 건율타야식과 경계가 없게 된다.

그렇다면 암마라식이 바로 '참나'가 아니겠는가? 그 순수의식이야말로 바로 우리 몸의 진짜 주인공이다. 진짜 주인공은 찾으려 한다고 찾아지는 것이 아니다. 도적들을 몰아내면, 즉 모든 업을 벗으면 저절로 제자리에서 모습을 드러내는 것이 바로 9식인 암마라식이다.

암마라식으로 살아간다면 이 세상은 어떤 모습일까? 그야말로 부처님들의 세상이 된다. 조화와 균형을 갖춘 아름다운 세상, 생명력이 충만하고 즐거움이 물결치는 세상이 될 것이다. 순수의식으로만 이루어진 존재들에게는 온갖 시비분별이 사라지고 마음에 평화와 사랑이 넘쳐날 것이다. 하지만 안타깝게도 중생들에게는 이 세상을 진실 그대로 볼 수 없게 만드는 아뢰야식이 마치 구름처럼 끼어 있다. 그 아뢰야식을 현대용어로 가장 근접하게 표현한다면 바로 '컴퓨터 프로그램'이라 할 수 있을 것이다. 각자에게 내재되어 있는 수많은 프로그램이 칡넝쿨처럼 얽혀져서 대상과 부딪친다. 그렇게 부딪쳐서 드러내는 세계를 현상이라고 한다.

다시 말해서 내면의 프로그램, 즉 아뢰야식이란 틀에 의해 자동으로 출력되어 현상을 드러낸다는 뜻이다. 아뢰야식은 수 없는 생을 거듭하면서 학습한 모든 것들의 총집합인 셈이다. 그것이 내면 깊숙한 곳에 조용히 마치 잠을 자는 듯이 있다. 이것은 마치 컴퓨터의 프로그램과 같아서 대상을 만나기 전에는 절대로 움직이는 법이 없다. 그것이 바로 표면의식인 6식과 잠재의식이라 하는 7식과의 차이다. 그러나 표면의식도 잠재의식도 8식을 바탕으로 일어나는 것이지 8식이 없으면 기능 자체가 마비되는 것이고 보면 실제로 우리가 닦아 소멸시켜야 하는 도적은 바로 8식인 셈이다.

그러나 8식은 너무 깊이 숨어서 모든 것들을 조정하기 때문에, 그것을 소멸시키기 위해서는 끊임없이 일어나는 생각들과 분별의식을 먼저 쉬어야 한다. 그러므로 '참나'를 만나려면 모든 생각과 분별을 멈추고 고요히 바라보는 방법인 사마타(samatha; 선정)를 통해 '암마라식'이 발현되도록 해야 한다.

다시 한 번 정리해 보기로 한다. 무명이라고 하는 구별되기 전의 완전한 근원에서 천지가 비롯된다. 즉 상대세계가 비롯된다. 그러므로 상대세계와 절대세계는 둘로 표현하지만 하나이다. 마치 『기신론』에서 한 마음을 두 가지 문으로 나누어 진여심(부처의 마음)과 생멸심(중생의 마음)으로 이해하는 것과 같다. 이쯤 해두고 다시 다음으로 넘어가기로 한다.

"그러므로 항상 무욕함(무아)으로써 그 묘를 보고(故常無欲以觀其妙)"

묘妙, 즉 진리를 보기 위해서는 작위적이지 않아야 한다는 말이다. 어떤 의도도 있어서는 안 된다는 뜻이다. 실제로 진리를 어떻게 볼 수 있겠는가? 말이 안 되는 표현이다. 본다는 표현은 주체가 객체를, 즉 내가 진리를 본다는 뜻이다. 그러나 '내'가 있는 한 절대로 진리를 만날 수 없다. 그런데도 묘妙를 본다고 한 것은 진리를 깨닫는다는 뜻이다. 그 때문에 굳이 표현하자면 즉卽

이라고 표현해야 한다. "진리에 즉(卽; 닿다)하기 위해서는 무욕無欲이어야 한다"고 바꾸어야 맞다. 무욕이란 에고ego의 작용이 멈춘다는 뜻이다. 어떠한 의도도 개입되지 않아야 한다는 뜻이기도 하다. 왜 그런가?

인위적일 때, 즉 에고가 개입될 때 진실이 가려지기 때문이다. 인위적인 의도를 내려놓았을 때를 무위라고 하는데 무위의 상태가 되려면 '무욕하라'는 것이다. 욕欲은 집착이기 때문이다. 집착은 붙들린다는 뜻이다. 집착이 사라져야 무욕이 된다. 그런데 불교에 의하면 집착해서 끌어당기는 것도 독毒이고, 배척하는 것도 독毒이며, 그것이 나와 무관하다고 여기는 것 역시 독이라고 한다. 진리를 구현하는 데는 이 모두가 장애가 되는 까닭이다. 그래서 이 셋을 삼독三毒이라 한다.

다시 말해서 좋은 것에 집착하는 것은 탐심貪心이므로 독이고, 싫은 것을 거부하는 마음은 분노를 일으키는 진심瞋心이어서 독이며, 나와는 무관하다고 여기는 마음은 어리석음인 치심癡心이다. 탐·진·치라고 하는 이 셋은 마치 달빛을 가리는 구름과 같아서 참나가 드러나지 못하게 한 것이다. 따라서 삼독심은 그야말로 어두움이다. 모든 것을 가능하게 하는 능력, 모든 것을 알게 하는 지혜, 모두를 사랑할 수 있게 하는 자비로운 마음을 모두 차단하는 것들이다. 이러한 삼독이 사라질 때 비로소 우리는 무한한 공덕을 누릴 수 있고, 마르지 않는 생명수를 퍼 올릴 수 있게 된다.

그런데 한 가지 짚고 넘어갈 부분은 어리석음이다. 대개 사람들이 탐욕과 분노가 밝은 지혜를 가린다는 부분에는 이의가 없다. 실제로 욕심에 눈이 멀어 진실을 보지 못했다거나, 화가 치밀어 사리분별이 흐려졌던 경험이 있기 때문이다. 그러나 어리석음이 왜 독이 되는지에 대해서는 잘 납득하지 못한다. 하지만 주변을 한 번 돌아보면 쉽게 이해가 될 것이다. 한 집안의 가장이 어리석으면 한 가족이 불행해진다. 한 조직의 리더가 어리석으면 조직원 전체가 불행의 늪에 빠진다. 실제로 아르헨티나는 세계적인 경제대국이었지만 지금은 그렇지 못하다. 페론의 실정이 한 나라를 강국에서 빈국으로 전락시킨 것이다. 이것이 바로 어리석음의 독이다. 그러고 보면 어리석음만큼 무서운 것도 없는 것이다. 흔히 모르고 지은 죄에 대하여 알고 지은 죄보다 가볍게 여기지만, 유독 불교가 반대 입장인 이유도 거기에 있다. 너무 딱딱하고 어려운 터널이었다고 생각되므로 또 퀴즈 하나 선물하고 가기로 한다. 인터넷상의 이야기를 대략 옮긴 것이다.

어떤 시간관리 전문가가 경영학과 학생들에게 강의를 진행했다. 그는 테이블 밑에서 커다란 항아리 하나를 꺼내 테이블 위에 놓으면서 "자, 퀴즈를 하나 풀어봅시다"라고 하였다. 그리고 나서 그는 주먹만한 돌을 꺼내 항아리 속에 하나씩 넣어 입구까지 채웠다. 그리고는 학생들에게 물었다.

"항아리가 가득 찼습니까?"

학생들: (이구동성으로) "예!"

그러자 그는 "정말입니까?"라고 반문하고는 다시 테이블 밑에서 작은 돌멩이들을 집어 들었다. 항아리에 들어갈 수 있는 만큼 다 채우고 나서 다시 물었다.

"이 항아리가 가득 찼습니까?"

눈이 동그래진 학생들은 대답을 망설이며 "글쎄요…"라고 했다. 시간관리 전문가는 "좋습니다" 하며, 이번에는 테이블 밑에서 모래주머니를 꺼냈다. 모래를 항아리에 넣어 큰돌과 작은 돌 사이를 빈틈없이 채웠다. 그리고는 다시 물었다.

"이 항아리가 가득 찼습니까?"

학생들: (이구동성으로) "아니오!"

시간관리 전문가는 "그렇습니다" 하면서 이번에는 물이 가득 담긴 주전자를 꺼내서 항아리에 부었다. 그리고는 이렇게 물었다.

"이 실험의 의미는 무엇이라고 생각합니까?"

한 학생: (즉시 손을 들고 일어나서) "매우 바빠서 스케줄이 가득 찼더라도 정말 노력한다면 새로운 일을 그 사이에 추가할 수 있다는 뜻입니다."

시간관리 전문가: "아닙니다. 이 실험의 목적은 그것이 아닙니

다. 이 실험이 우리에게 주는 의미는 '만약 큰 돌을 먼저 넣지 않는다면 영원히 큰 돌을 넣지는 못할 것이다'라는 것입니다."

이 글은 우리에게 시사하는 바가 크다. 필자의 주변만 보더라도 대부분의 사람들이 정말 열심히 살고 있다. 마치 수험생처럼 논문에 매진하는 사람도 있고, 불철주야 일만 하는 일 벌레도 있다. 대부분 아침부터 저녁까지 쉬지 않고 달린다. 무한경쟁의 시대라서 멈출 수는 없다는 생각이 지배하기 때문이다. 그렇다면 너 나 할 것 없이 이렇게 바삐 살아가는 우리 모두에게 큰돌은 무엇일까? 더 좋은 학교, 더 좋은 직장, 더 많은 월급, 더 높은 지위와 명예, 인기에 이르기까지 이토록 열심히 추구하는 이유는 무엇일까? 그렇다. 분명한 것은 행복하기 위해서다. 행복을 위한 방편이 바로 위에 나열한 것들이다. 그러나 언제부터인가 우리들 대부분은 진정한 목적을 상실하고 있는지도 모른다. 그래서 작은 돌과 모래와 물만 가득 채우고 있는지도 모른다. 필자도 독자도 틈틈이 새기면서 살아야 할 내용은 아닐까 생각해 본다.

다시 본론으로 돌아가기로 한다. 유감스럽게도 여전히 어려운 이야기를 계속 풀어가야 한다. 어차피 알고 가야 할 부분이기 때문에 피할 수는 없다. 그렇다고 하더라도 계속 궁리하면서 읽다 보면 점차 쉽다고 느껴지리라 믿는다. 우리나라 사람들은 대체로 철학적이고 종교적인 면이 많은 유전자를 지니고 태어났다.

그것은 매우 큰 축복임에 틀림없다. 유교경전 『서경』의 내용에 의하면 다섯 가지 복 가운데 네 번째가 바로 "진리를 기뻐함"인 것만 봐도 그렇다.

불교에서는 부처님의 몸을 셋으로 구분지어 이해를 돕고 있다. 즉 법신부처와 보신부처, 그리고 화신부처이다. 이 셋은 한 부처님을 이르는 말이다. 일찍이 근대 한국의 큰 선지식이셨던 금타대화상(1898~1948)께선 이 셋에 대한 정의를 「보리방편문」이란 글에서 다음과 같이 설명하고 있다.

마음은 허공과 같을새 한 조각 구름이나 한 점 그림자도 없이 크고 넓고 끝없는 허공 같은 마음세계를 관찰하면서 청정법신인 비로자나불을 생각하고, 이러한 허공 같은 마음세계에 해와 달을 초월하는 금색광명을 띤 한없이 맑은 물이 충만한 바다와 같은 성품바다를 관찰하면서 원만보신인 노사나불을 생각하며, 안으로 생각이 일어나고 없어지는 형체없는 중생과 밖으로 해와 달과 별과 산과 내와 대지 등 삼라만상의 뜻이 없는 중생과, 또는 사람과 축생과 꿈틀거리는 뜻이 있는 중생 등의 모든 중생들을, 금빛 성품바다에 바람 없이 금빛 파도가 스스로 뛰노는 거품으로 관찰하면서 천백억화신인 석가모니불을 생각하고, 다시 저 한량없고 끝없이 맑은 마음세계와 청정하고 충만한 성품바다와 물거품같은 중생들을 공空과 성품(性)과 현상

〔相〕이 본래 다르지 않아 한결같다고 관찰하면서 법신法身, 보신報身, 화신化身의 삼신三身이 원래 한 부처인 아마타불을 항시 생각하면서 안팎으로 일어나고 없어지는 모든 현상과 헤아릴 수 없는 중생의 덧없는 행동들을 마음이 만 가지로 굴러가는 아미타불의 위대한 행동모습으로 생각하고 관찰할지니라.(석청화 편, 『금강심론』, 「보리방편문」, 성륜각)

아미타불, 즉 헤아릴 수 없는 빛인 무량광, 헤아릴 수 없는 생명인 무량수는 모든 존재의 근원이다. 앞에서 설명했던 진리이다. 불교에서는 진리를 부처라고 한다. 그 부처의 총 대명사는 바로 아미타불이다. 그럼 석가모니불은 뭐냐고 하겠지만 석가모니는 샤카족 출신의 성자聖者이신 부처님이란 뜻이다. 다시 말해서 인간으로 태어나 고타마싯다르타라는 이름으로 출가하였고 마침내 깨달음을 얻은 분이란 뜻이다. 깨달음을 얻었다는 말은 진리와 하나가 되었다는 의미이다. 그러므로 헤아릴 수도 없는 많은 부처님 가운데 한 분이 바로 석가모니불이다. 심지어 과거의 부처님 1,000분과 현재의 부처님 1,000분, 그리고 미래의 부처님 1,000분을 합해서 일 배씩 경배하는 3,000배를 올릴지라도 그 숫자는 모든 부처님에 비하면 극히 일부일 뿐이다. 그 모든 부처님들의 총 대명사가 바로 아미타불이다. 아미타불은 빛과 생명이신 부처님이란 뜻이다. 빛과 생명은 그 자체로 헤아릴 수 없는 자비와 지혜를 상징한다. 자비의 이름은 관세음보살이며 지혜의 이름은 대세지보살이다. 그래서 관세음보살과 대세지보살은 아미타불의 좌우 협시불이라고도 한다. 그 부처에 대하여 지금부터 「보리방편문」의 내용을 중심으로 설명하고자 한다.

마음은 허공과 같아서 한 조각 구름이나 한 점 그림자도 없이 크고, 넓고, 끝도 없다. 여기서 말하는 마음이란 우리 마음의 바탕을 말한다. 생각과 분별로 흐렸다 개었다 하는 그 마음이 아니라 본성을 가리킨다. 본성은 본래 티없이 깨끗하고, 한없이 넓으며, 위대하다. 그 본바탕을 부처님으로 표현하면 법신부처라 한다. 법신法身부처님인 비로자나불이 그렇게 텅 비어 있는 허공과 같지만 그렇다고 해서 정말 비어 있지는 않다. 그곳은 더할 수 없이 밝은 금빛을 띤 물로 충만한 바다와 같다. 그 물은 공덕수功德水이다. 그곳을 보신報身부처라 한다. 공덕수란 온갖 공덕으로 충만하다는 뜻이다. 그 때문에 보신부처인 금빛 공덕수에서 마치 파도칠 때의 물거품처럼 유정(有情; 감정체)·무정(無情; 무정물)의 온갖 중생들이 모습을 드러낸다. 그렇게 모습을 드러낸 유정·무정의 존재들을 화신化身부처라 한다. 화신부처의 대명사는 석가모니불이므로 그 모든 물거품처럼 모습을 드러낸 존재들을 석가모니불이라 생각한다는 뜻이다.

그런데 텅 빈 마음세계(空)와 깨끗한 공덕수로 충만한 성품바다(性)와 물거품 같은 유정·무정의 중생들(相)이 본래 하나이다.

다시 말해서 법신과 보신, 그리고 화신인 삼신三身이 하나라는 뜻이다. 그 셋을 합쳐서 한 이름으로 부를 때 바로 아미타불이라 부른다는 뜻이다. 그렇다면 아미타불이 얼마나 위대한지 다시 생각해 보고 정리하기로 한다.

아미타불은 이 세상의 모든 것이다. 이 세상에 존재하는 어떠한 것도 아미타불을 벗어난 존재는 없다. 광물과 식물, 동물, 사람 할 것 없이 모든 것이 다 아미타불이다. 이 세상의 본질이 바로 아미타불이며 다른 말로 하면 빛이고 생명이다. 빛이고 생명인 아미타불은 헤아릴 수 없는 능력의 장場이다. 그러한 능력을 공덕수功德水로 표현하여 보신부처라 하였다. 만물을 키워내는 모습은 한없는 사랑의 발현이다. 그렇게 대자대비한 생명력을 관세음보살이라 한다. 그뿐만 아니라 이 우주법계의 모든 음양(陰陽; 드러난 것과 드러나게 하는 모든 것)을 속속들이 다 안다. 위대한 지혜 그 자체이다. 그렇게 밝은 광명과 같은 지혜를 대세지보살이라 한다. 또한 이 세상의 어떠한 것도 그 공덕수로 다스리지 못하는 것은 없다. 그럴 때 붙이는 이름이 의사의 왕이란 뜻에서 의왕醫王이라 하며, 동시에 약 가운데 가장 탁월한 약〔名藥〕이므로 약왕藥王보살이라고도 한다. 『화엄경』에 온갖 헤아릴 수 없는 이름의 보살이 등장하는 것도 그만큼 많은 공덕이 모두 아미타불에게서 나오기 때문이다. 현대 용어로 하면 대략 모든 힘의 원천이므로 '에너지장'이라 할 수 있을 것이다. 우주의 모든 것을 품고 있으므로 '우주심宇宙心'이라 할 수도 있다. 그 공덕은 알 수도 없고 헤아릴 수도 없으므로 조화가 무궁무진하다는 의미에서 『주역』「계사전」의 언어를 빌려 신神이라 해도 무방할 것이다. 따라서 이 세상에서 일어나는 모든 것, 설사 중생들의 어리석은 행동이라 할지라도 모두 아미타불의 법륜法輪이라 할 수 있다.

그런데 어찌하여 우리는 이 세상을 빛과 생명의 온전한 모습으로 바라보지 못하는 것일까? 어찌하여 그토록 위대한 능력을 지니고 있으면서도 사용하지 못하는 것일까? 그렇다고 해서 전혀 사용하지 못하는 것도 아니다. 때때로 위기의 순간에 기적 같은 위대한 힘을 사용하는 사례는 얼마든지 있다. 가령 어머니가 트럭에 깔린 아이를 구하기 위해 트럭을 들어올린 사례를 뉴스에서 접한 기억도 있으니 말이다. 또 필자만 하더라도 배수진을 치고 시험준비를 했을 때는 하루 종일 암기할 분량을 단 30분만에 완벽하게 암기했던 기억도 있다. 사람들은 이러한 능력에 대해 초인적超人的인 것으로 치부한다. 하지만 위의 설명대로 그런 능력은 본래 우리가 지니고 있는 것이다.

어쨌든 본래 우리가 지니고 있는 불가사의한 능력을 우리는 사용하지 못한다. 그뿐만 아니라 그 위대한 진리와 맞닥뜨리지도 못한다. 그러므로 우리가 본래 아미타불이란 사실을 알 길이 없다. 어떻게 하면 우리의 본래 모습을 찾을 수 있을까? 물론 불교에서는 앞에서 설명하였던 것처럼 삼독三毒을 제거하면 저절로 깨달음, 즉 궁극처인 붓다가 될 수 있다고 하였다. 그 삼독을 제거하는 방법에 대하여 노자가 제시한 방법이 바로 무욕無欲이다. 무욕하는 길만이 만들어진 나로부터 자유로울 수 있다는 뜻이다. 집착으로 인한 탐욕과 거부로 인한 분노, 그리고 나와 무관하다고 여기는 무지, 즉 치심으로 불리는 어리석음은 아주 오랜 옛날부터 지금까지 만들어온 물질들이다. 현대적인 언어로 풀어 설명한다면 그것은 일종의 컴퓨터 프로그램과 같은 것이라 하였다. 우리들에게는 헤아릴 수조차 없을 만큼의 프로그램들이 내재되어 있다. 그 프로그램들이 모두 지워졌을 때 우리는 진실로 무욕의 상태가 된다. 그런데 프로그램들이 얼마나 얽혀 있는지에 대한 내용은 이미 불교에 그 답이 나와 있다.

『정토삼부경』 가운데 『아미타경』이라는 불교 경전이 있는데, 그 내용에 보면 '극락'이란 말이 나온다. 극락은 10만 억 국토를 지나야 있다고 한다. 10만 억 국토란 의미는 실제로 첫 번째 나라를 지나 두 번째 나라에 이르고, 다시 세 번째 나라로 들어가는 방식으로 10만 억 번째 나라를 마지막으로 지나면 극락이 나온다는 뜻이 아니다.

불교에서는 아주 많다는 것을 표현할 경우에 대체로 천千이란 숫자를 많이 쓴다. 물론 거의 불가능에 가까울 때에는 무량수 내지 겁劫이란 수를 쓰기도 한다. 하지만 천수천안이라고 하는 말이나, 과거불 천 분, 현재불 천 분, 미래불 천 분 등에서 보여지는 것처럼 대체로 천이란 숫자로써 표기하는 경우가 많다는 뜻이다.

10만 억 국토라고 한 것은 진실로 헤아리기 어려울 만큼 많음을 표현한 경우라 할 수 있다. 그렇다고 하여 무량수나 겁이 가리키는 것만큼이나 불가능한 숫자는 아니다. 아무튼 10만 억 국토를 지나면 극락이 있다는 소리는 우리들에게 내장되어 있는 업식, 다시 말해서 온갖 인식의 틀이 그만큼 헤아릴 수 없이 많다는 뜻이다. 실제로 수행을 하다 보면 인식의 틀을 마치 터널을 지나듯이 빠져나가는 경우를 체험하기도 한다. 물론 물질로 이루어진 인식의 틀이지만 그것들의 모양이나 색깔, 두께는 헤아릴 수 없이 다양하다고 할 수 있다. 그 틀을 중심으로, 마치 다양한 형태와 색깔과 두께로 된 색안경을 끼고 이 세상을 바라본다고 이해하면 가까울지도 모르겠다. 이 모든 것들을 벗는 방법은 인위적인, 즉 무엇인가를 하겠다는 의도 자체를 버려야 한다. 인위적인 의도가 개입하면 할수록 진실에서 점점 더 멀어지기 때문이다. 그렇게 무욕함으로써 더 이상 어떠한 인식의 틀도 지니지 않게 되었을 때, 비로소 진실이 저절로 제 모습을 드러낸다. 그것이 바로 노자가 말하는 묘妙이다. 다음 내용을 살펴보기로 한다.

"항상 유욕함('나')으로써 그 드러난 세계를 본다(常有欲以觀其徼)."

유욕이란 '나'를 만들어낸다는 뜻이다. 내가 생겼다는 말은 상대세계로 나왔다는 뜻이다. 상대세계는 모든 것이 차별화된 세계이다. 그것이 바로 드러난 세계를 본다는 의미이다. 드러난 세계를 본다는 것은 거짓 세계를 보게 된다는 것이다. 혼돈에게 눈과 코, 귀, 입이 생겨서 상대세계로 나온 것과 같다. 감각기관으로 인식하게 되면 제아무리 절대감각이라 할지라도 이미 진실과는 거리가 멀다. 더욱이 가치개념으로 전락하게 되면 똑같은 것이라 할지라도 평가는 극단으로 달라지는 경우가 발생하기도 한다. 이미 밝혔듯이 "빈 라덴은 테러리스트이다"라고 하면 이것은 미국의 입장이다. 그러나 "빈 라덴은 애국지사이다"라고 하면 이것은 이슬람권의 입장이다. 이 경우가 바로 한 사람을 놓고 평가하되 양 극단으로 갈린 경우다.

필자가 본 것들 가운데 가장 재미있다고 여겼던 경험은 미인에 대한 기준이다. 우리나라처럼 피부가 거의 뼈에 붙어 44사이즈를 자랑하는 경우에 날씬하고 예쁘다고 하는 것과 많이 다른 나라가 있다. 아프리카의 어느 부족이었던 것으로 기억하는데, 그곳에서는 신랑측의 부의 척도가 결혼할 상대 여성이 얼마나 뚱뚱한가에 있다고 한다. 그래서 결혼일자를 받은 신부는 오직 살찌우는 데만 몰입함으로써 일체의 움직임을 삼간다고 한다. 마침내 결혼 당일이 되어 거의 걷지도 못할 만큼 뚱뚱해진 신부가 뒤뚱거리며 입장을 하면 모두가 환호성을 지른단다. 물론 신랑의 어깨에 힘이 들어가고 우쭐하여 자신의 능력을 과시한다고 한다. 얼마나 재미있는가. 그뿐이겠는가. 서양인이 보는 동양의 미인과 동양인이 보는 서양의 미인의 기준도 다르다.

이렇게 극단으로 평가가 갈리는 것은 미의 기준뿐만이 아니다. 맛이나 향기, 음악에서도 그렇다. 그래도 감각기관에 의한 평가는 서로 기호가 다르다는 점을 인정하는 편이다. 하지만 시비 문제에 이르면 상대방을 포용하는 데 한층 더 인색해진다. 내가 옳게 보면 남들도 옳게 보아야 한다고 생각하는 경우가 대부분이다. 대체로 주변 사람들에게 많은 관심을 받으면 좋아할 거라고 생각하지만 그렇지 않은 경우도 있다. 주변의 관심이 부담스러워 폭발적인 분노를 표출하는 경우도 있다. 과연 어느 쪽이 옳고 어느 쪽이 그른 것일까?

이 모든 갈등이 생겨나는 이유가 바로 '나'라고 하는 틀에서 비롯한다. 유욕은 바로 그 만들어진 나로써 상대하는 대상을 보는 것이다. 따라서 저마다의 인식의 틀로 세상을 마주하므로 천차만별의 세계를 만들어낸다. 각자의 수준만큼만 세상을 만들어놓고 보기 때문이다. 그렇기 때문에 사람에게는 혐오의 대상인 대변도 구더기에게는 삶의 터전이 된다. 또 사람이 그토록 집착하는 돈과 이성과 명예와 식탐이 천상의 존재자들에게는 아무런 의미가 되지 못한다. 천상의 존재들은 이미 거친 욕망의 세계를 벗어났기 때문에 5욕락이 의미가 없다. 하지만 인간은 마치 썩은 쥐새끼를 단단히 움켜쥐고 봉황에게 빼앗길까봐 전전긍긍하는 올빼미와 다를 게 무어란 말인가. 쉬어 가는 의미에서 『장자』의 내용을 잠시 소개하고 넘어가기로 한다.

혜자가 양나라의 재상이었을 때 장자가 만나러 갔다. 그때 어떤 사람이 혜자에게 말했다. "장자가 오면 당신을 대신해서 재상이 되려고 할 것입니다." 이 말을 들은 혜자는 두려워졌다. 그래서 사흘 낮과 사흘 밤 동안 온 나라 안을 뒤져서 (장자를) 찾게 했다. (이 사실을 안) 장자는 직접 찾아가서 말했다. "남쪽 지방에 원추(봉황새의 일종)라는 이름을 가진 새가 있었다네. 그대는 그 새를 아는가? 그 원추는 남해에서 출발하여 북해로 날아가지만 오동나무가 아니면 머물지 않고, 멀구슬나무의 열매가 아니면 먹지 않으며, 단 샘물이 아니면 마시지를 않지. 그런데 그때 올빼미가 썩은 쥐를 물고 있다가 원추가 지나가는 걸 우러러보며 (혹 빼앗기지 않을까 염려하여) '꽥!' 하고 소리를 질렀다. 지금 그대는 그대의 양나라 때문에 나에게 '꽥!' 하고 소리를 지르는구나."(『장자』「추수편」)

다음 내용으로 넘어가기로 한다.

"이 둘(유명과 무명)은 하나이지만 나와서 두 개의 다른 이름

을 지닌 것이다(此兩者同出而異名)."

실제로는 오직 진리가 존재할 뿐이지만 중생은 관점에 따라 무명이니 유명이니 나누어 분별을 일으킨다. 불교에서 말하는 진여, 즉 불성광명의 세계일 뿐이란 뜻이다. 우주 전체는 생명력으로 충만한 에너지장일 뿐이다. 그것을 생명의 실상이라 한다. 그것을 본질로 말하면 진여문이고, 중생의 마음으로 말하면 생멸문인 것과 같다. 다시 말해서 부처의 눈으로 보면 일체가 오직 부처일 뿐이지만 거짓 나를 만들어서 그 감각기관을 통해 바라보게 되면 모든 것이 생겨나고 멸한다. 매 순간 한 순간도 멈추지 아니하고 자라며 동시에 죽는다. 그러나 본질은 같은 것이다.

진리의 입장에서 말하면 이 세상을 살다가 죽는다고 하여 죽는 것이 아니다. 이 세상에 태어났다고 하여 없던 것이 새로 생겨나는 것도 아니다. 사대육신이야 지수화풍으로 분해되어 흩어지면 그뿐이다. 정신이라 한들 모두 흩어지면 남는 것은 실상인 공성空性뿐이다. 본질, 즉 바탕만 남았을 때는 자비라 불리는 생명력일 뿐이다. 그렇게 같은 하나를 다르게 인식하는 것이 중생의 차원이다.

"(그 둘을) 한 가지로 부를 것 같으면 현玄이다(同謂之玄)."

현玄이란 구분이 되지 않는 자리이다. 사람이 알 수 있는 영역이 아니란 뜻이다. 기독교 성서에서, "사람으로 태어나 하느님의 나라를 본 사람은 아무도 없다"고 하는 것과 같은 이치이다. 그 자리를 신神이라 해도 되고, 하느님이라 해도 된다. 부처님이라 해도 되고 도道라고 하여도 무방하다. 저절로 모든 것이 그렇게 운행되는 자연自然이다. 상대세계가 아닌 절대세계이므로 혼돈이며 실상實相이고 중도中道이다. 이름으로 부르려면 끝도 없다. 그러나 그 모든 이름이 그것 자체일 수는 없다. 그래서 검을 현玄이란 글자로 대변하였다. 검다는 것은 헤아릴 수 없다는 뜻이다. 유명이니 무명이니 나누어 불러보았지만 그 둘을 하나로 부를 것 같으면 알 수 없다는 뜻이다.

"현하고 또 현하구나! 온갖 것들이 나오는 문이여(玄之又玄衆妙之門)!"

필자의 대학원 시절 노장학 전공이셨던 송항룡 선생님께서는 현玄을 '신비롭다'고 풀이하셨다. 어쩌면 그 표현이 가장 적절할 수도 있다. 그저 신비로울 뿐 알 수 있는 대상이 아니기 때문이다. 없는 것 같지만 모든 것이 거기에서 나온다. 그렇다고 있는 것도 아니다. 도대체가 잡히질 않는다. 분명 이 허공에 생명력으로 충만한데 어느 곳을 더듬어보아도 없다. 냄새로 맡을 수도 없다. 맛으로 형용할 길도 없다. 그런데 만물만상이 다 그곳을 통해서 이루어진다. 모든 것은 다시 그곳으로 되돌아간다. 모든 것이 나오는 문이기도 하지만 모든 것이 돌아가는 문이기도 하다. 그것을 어찌 신비롭다고 하지 않을 수 있겠는가. 어찌 측량할 길이 끊어졌다고 말하지 않을 수 있겠는가. 끝으로 다시 한 번 정리하고 넘어가기로 한다.

1장의 일반적인 풀이: **진실의 세계-진리(道)**

말로 표현된 진리는
진짜 진리가 아니다.
이름으로 불리는 것이
그것의 진짜 이름은 아니다.
이름을 붙이기 전의
완전한 근원에서 천지가 시작되고,
이름을 붙이는 데서
만물로 모습이 나타난다.
그렇기 때문에 항상
의도함이 없음으로써만
진실(진리)을 보게 되고,

의도함이 있게 되면
드러난 세계가 보일 뿐이다.
이 둘(진리와 현상)은 하나이지만
나와서 두 개의 다른 이름을 지녔다.
그 둘을 하나로 부를 것 같으면
현玄이다.
알 수 없고 알 수 없구나!
온갖 것들이 나오는 문이여!

1장의 불교적인 풀이: **부처님 나라-진여**(실상)

언어로 설명한 부처님은
진짜 부처님이 아니다.
이름 붙여진 이름이
진짜 이름은 아니다.
이름을 붙이기 전 분별을 떠난 곳에서
무궁무진한 조화가 비롯되지만,
이름을 붙이게 되면
만물이 모습을 드러낸다.
그 때문에 항상 무아無我로서만

부처님〔空〕과 만날 수 있고,

항상 가아(假我, 거짓 나)를 통해서는

드러난 형상〔色〕만 볼 뿐이다.

공과 색은 본래 공즉색이고 색즉공이지만

(실상적 차원이냐 현상적 차원이냐에 따라)

두 개의 이름을 지닌 것뿐이다.

공과 색을 하나로 부를 것 같으면

(분별이 멈춘 곳) 적멸寂滅이다.

알 수 없고 또 알 수 없구나!

온갖 화신化身이 출현하는 문이여!

행복이란… 중도中道

제2장 상대세계를 뛰어 넘어

天下皆知美之爲美斯惡已(천하개지미지위미사악이): 세상 사람들은 모두 아름다운 것이 아름다운 줄 알지만, 그것은 악일 뿐이다.

(天下)皆知善之爲善斯不善已(개지선지위선사불선이): 세상 사람들은 모두 착한 것이 착하다고 알고 있지만, 그것은 불선(不善)일 뿐이다.

故有無相生(고유무상생): 그러므로 있는 것과 없는 것이 서로를 낳고,

難易相成(난이상성): 어렵고 쉬운 것이 서로를 이루며,

長短相較(장단상교): 긴 것과 짧은 것이 서로 견주고,

高下相傾(고하상경): 높고 낮은 것이 서로를 (저울질하여) 기울

이며,

音聲相和(음성상화): 내는 소리와 들리는 소리가 서로 어울리고,

前後相隨(전후상수): 앞과 뒤가 서로를 따른다.

是以聖人處無爲之事(시이성인처무위지사): 그러므로 성인은 무위의 일에 처하고,

行不言之敎(행불언지교): 말없는 가르침을 베풀며,

萬物作焉而不辭(만물작언이불사): 만물이 일어나도 사양하지(내치지) 아니하고,

生而不有(생이불유): 낳았으되 소유하지 아니하며,

爲而不恃(위이불시): 행하고서도 (그것에) 기대지 아니하고,

功成而弗居夫唯弗居是以不去(공성이불거부유불거시이불거): 공을 이루고서도 (그 자리에) 머물지 아니한다. 머물지 아니하기 때문에 (공이) 떠나지 아니한다.

지금부터 상대세계와 가치에 대해 살펴보려고 한다. 상대세계는 너와 내가 있는 세상이다. 나를 만들어놓고 그 기준에 의해 밖을 바라보는 세계이다. 그러다보니 순전히 나의 기준에 의해 가치가 매겨진다. 내 기준에 의해 예쁘고, 내 기준에 의해 옳고, 내 기준에 의해 많고, 내 기준에 의해 똑똑하고, 내 기준에 의해 멋지고 그렇다. 모든 가치는 다분히 내게 입력된 프로그램대로 매겨질 뿐이다. 새로운 경험을 통해 그 내재된 프로그램이 수정되

기 전에는 그것이 전적으로 정확하다고 인식하고 살아간다.

필자는 어려서 교회에 다녔다. 물론 기독교 교리에 대한 지식은 많이 모자라던 시절이었다. 그저 찬송가 가사를 듣기만 해도 마음이 정화되는 듯한 그 느낌이 좋았다. 아직도 필자의 애창곡 세 곡 가운데 하나가 찬송가인 '저 높은 곳을 향하여'인 것도 그 때의 영향이라 할 수 있다. 하지만 그 시절의 필자에게는 절대로 받아들일 수 없는 것이 있었다. 목사님은 설교만 하시면 우리를 모두 죄인이라 하였고, 그 때문에 회개해야 한다고 하였다. 이른바 원죄설을 말하는 것이었다. 당연히 필자는 그 이유를 물었고 목사님은 속시원한 답을 주시지 못했다.

그런데 필자가 철학을 공부하고 보니 우리 중생들은 너 나 할 것 없이 모두 죄인이란 기독교의 교리가 타당하게 여겨졌다. 왜 그런가? 기독교 교리에 의하면 아담과 이브가 에덴동산에서 쫓겨난다. 그 이유는 선악과善惡果를 따먹었기 때문이다. 비록 한국의 대부분 성서에 선악과라고 하고 있지만 미추美醜과나 우열優劣과를 따먹었다고 해도 무방하다. 선악과란 선과 악으로 나누어 판단하는 가치를 매기는 세상으로 나오는 열매란 뜻이다. 그 열매를 먹지만 않는다면 절대세계에서 영생했을 것이지만 불행하게도 이브는 뱀의 유혹에 넘어갔다. 그뿐만 아니라 이브는 아담까지도 끌어들였다. 마치 혼돈이 일곱 개의 구멍이 뚫려 더 이상 혼돈일 수 없었듯이 그들도 더 이상 에덴동산에 살 수 없게 된 것이다. 따라서 우리 중생들은 너 나 할 것 없이 모두 근본적으로 '죄인'이란 말이 성립된다.

기독교의 에덴동산은 하느님이 주신 혼돈의 세상이며, 중도라고 하는 실상의 세계이다. 절대의 세계이며 진리의 세계이다. 하지만 선악과를 먹는 순간 그들은 그곳에서 상대세계로 쫓겨나게 된다. 그 다음의 내용이 그것을 입증한다. 선악과를 먹는 순간 아담과 이브는 그들이 여성과 남성이란 사실에 눈을 뜨게 되었다는 내용이다. 그 때문에 성을 상징하는 부위가 부끄럽다고 여겼고 나뭇잎으로 그 부위를 가리게 된다. 그 내용이 기독교에서 주장하는 원죄가 성립되는 부분이기도 하다. 우리가 직접 선악과를 따먹었기 때문에 '원죄'가 아니라 이미 남자·여자로 살아가는 것이 죄인이란 뜻이다. 중도라고 할 수 있는 하늘나라에 살지 못하고, 좋고 싫은 것이 있는가 하면, 예쁘고 미운 것이 있고, 잘나고 못난 것이 있으며, 옳고 그르다고 하는 평가를 매겨 서로 다투고 갈등하며 반목하는 중생계를 만들어 살아간다.

10여 년 전 필자는 어느 문화원에서 위와 같은 내용으로 강의를 한 적이 있었다. 그때 만났던 어느 여성분께서 자신이 읽은 책 내용에 대해 설명했고, 그 자리에 있던 모두가 공감했던 기억이 있다. 그 내용은 다음과 같았다.

어떤 어머니가 하나밖에 없는 아들을 잃었다. 그것도 우리나라

최고의 명문대학 의대생이었던 아들이 자살을 했다는 것이다. 어머니의 충격은 이루 헤아릴 수조차 없었다. 가톨릭 신자였던 어머니는 그때부터 하느님과 한 판 붙었다고 한다. 도대체 남에게 절대 피해 안 주고, 신세도 안 지고, 너무나 열심히 살아온 자신에게 어찌 이런 형벌을 줄 수 있느냐는 것이었다. 그렇게 2년 정도 지난 어느 시점에 내면에서 각성이 일어났다고 했다. 남에게 신세 안 지고, 피해도 안 주려고 했던 자신의 삶 자체가 죄인의 삶이었다는 사실을 깨달았다는 것이다.

기독교 교리에 의하면, "네 이웃을 네 몸같이 사랑하라!"고 하였다. 즉 "내가 너희를 사랑한 것처럼 너희도 서로 사랑하여라"라는 뜻이다. 하느님의 사랑은 절대적이다. 그렇게 절대적인 사랑 안에서 너희도 하나가 되라는 뜻이다. 다시 말해서 '나'와 '남'의 삶이 아닌 '우리'의 삶을 살라는 뜻이다. 그런데 아들을 잃은 어머니는 철저하게 '나'와 '남'을 나누었으므로 하느님의 사랑을 배반한 삶이다. 그러한 삶 자체가 죄인의 삶이었다는 사실에 대한 각성이 그 어머니를 새롭게 태어나게 하였다는 내용이었다.

어불성설이라 할 수도 있겠지만 노자도 성인聖人 때문에 세상이 혼란스럽게 되었다고 함으로써 성인에게 그 책임을 묻는다. 그 속내는 무엇일까?

노자는 성인이 실제로 사회악이라고 말하고 싶었던 것은 아니다. 노자가 문제삼는 것은 성인과 일반 사람의 분별에 있다. 다시 말해서 성인은 위대하고 보통 사람은 미천하다는 식의 상대세계(분별세계)로 전락한 것에 대한 비판이라 할 수 있다.

기업을 예로 들어 보면, 가장 윗사람인 회장이 있을 것이다. 그리고 말단 직원이나 대리, 과장, 차장이 있을 것이다. 또한 청소부처럼 더 말단 직원도 있을 수 있다. 사무실에 회장이 등장하면 직원들은 일단 긴장하게 되는 것이 일반적인 현상이다. 반면 청소부가 들어와 청소를 하게 되면 긴장하는 경우는 없을 것이다. 이것은 무엇을 의미하는가? '직업에 귀천은 없다'는 말을 상기해 볼 때 모순되는 일이지 않은가? 그런데도 직급을 매기고 그것에 의해 처세를 하기 때문에 사람에게도 귀천이 갈리고, 또 그에 따라 대우가 달라진다.

노자가 문제삼는 것은 여기에 있다. 존재하는 것은 모두 소중하고 그 자체로 100퍼센트의 가치를 지닌다는 것이 노자나 장자의 입장이다. 어찌 그들뿐이겠는가? 이 세상에 존재하거나 살다 간 모든 성인, 현인들이 다 그러했을 것이다. 이 세상에 존재하는 모든 것이 나와 별개일 수 없다는 사실을 깨친 분들이 바로 성현이기에 하는 말이다.

그런데 세상은 직업에 높낮이를 정해두고, 그것에 의해 사람 자체에까지 가치를 부여하고 살아간다. 게다가 성인이라고 하는 존재들은 이 세상이 가장 존경하는 대상이 아닌가. 그 때문에 성인이란 명칭이야말로 이 세상에 혼란을 일으키는 주범이라는 뜻이다.

이제 노자와 장자가 주장하는 '진정한 행복'의 길이 어디에 있는지는 대략 감 잡았을 것이다. 다시 『노자』 2장의 본문으로 돌아가 보기로 한다.

"세상 사람들은 모두 아름다운 것이 아름답다고 알고 있지만, 그것(아름답다고 알고 있는 그것)은 악일 뿐이다(天下皆知美之爲美斯惡已)."

자연, 즉 이 세상의 근원인 진리가 현현하는(드러내는) 입장에서 바라볼 때, 이 세상에 존재하는 모든 것은 다 완벽하다. 그뿐만 아니라 한 몸이다. 그러므로 모두가 다 생명력을 내뿜으며 맘껏 자태를 뽐내는 존재들이다.

그런데 사람들은 아름답다고 가치를 매겼다. 아름답다고 하는 말은 추한, 즉 못생긴 것이 따로 있기 때문에 아름다움을 아름답다고 여기는 것이다. 이것은 이미 모두가 한 몸임을 떠난 상태이다. 상대세계로 나왔다는 말이다. 상대세계의 개별적인 '내'가 상대를 바라보면서 가치를 매긴 것이다. 그러므로 조화와 균형을 갖춘 하나의 완전한 예술품 그 자체인 진리의 모습이 아니다. 저마다 잘난 척 뽐내지만 이미 아름답고 추한 차별이 이루어져 있는 개별자의 세계인 것이다. 개별자의 세계를 살아가는 사람은 누구나 다 이미 진리를 떠났으므로 선善이 아니다. 밝음이 아니라 어두움이다. 기독교에서 말하는 죄인일 뿐이다. 그러므로 악惡이라 할 수 있다. 다음 문장을 보기로 하자.

> "세상 사람들은 모두 착한 것이 착하다고 알고 있지만, 그것은 불선不善일 뿐이다(<天下>皆知善之爲善 斯不善已)."

선과 악 문제도 같은 맥락에서 이해할 수 있다. 사람들이 믿는 선善이 선이 되기 위해서는 악이 전제되어야 한다. 천하라고 말할 때 이미 이 세상 사람들이란 전제가 붙었기에 하는 말이다. 세상 사람들은 진리의 세계를 사는 사람들이 아니라 주체와 객체를, 다시 말해서 나라고 하는 주체와 나와 마주하는 대상인 객체를 분명하게 정하고 살아간다. 그러므로 그 세상 사람들이 선하다고 하는 것은 가치를 매긴 선함이므로 악을 전제하고 하는 말이라 할 수 있다. 앞에서 이미 일음일양지위도一陰一陽之謂道를 통해 언급했으나 불교의 연기緣起법을 중심으로 다시 알아보자.

진리가 이 세상에 드러날 때는 선이 있으면 악도 반드시 드러낸다. 삶이 있으면 죽음이 있는 것과 같은 이치이다. 깨끗함이 있으면 더러움이 있고 가는 것이 있으면 오는 것이 있다. 그렇게 짝으로 세상에 모습을 드러내는 것이 진리이다. 그렇다고 해서 선과 악이 진리일 수는 없다. 현상적 차원에서 볼 때 어느 한 면만을 드러내는 것은 치우친 견해라는 뜻이다. 태어남만을 말해도 안 되고 죽음만을 말해도 안 된다. 태어남이 있으면 반드시 죽음이 함께 하는 것이 세상 이치이다. 마찬가지로 생사生死가 중도일 수는 없다. 중도일 수 없다는 말은 진리가 아니란 뜻이다. 다만 하나를 취하면 또 다른 하나가 짝으로 기대어 함께 성립한다는 뜻이다. 불교에서 연기법을 이론중도理論中道라고 하는 이유도 여기에 있다.

그리고 이미 앞에서 진리를 행하는 것이 아니면 선善이 아니라고 하였다. 그러나 세상 사람들은 막연하게 정해 놓은 자신의 가치 기준에 따라 선하다거나 악하다고 평가한다. 이 세상은 단지 진리가 행해질 뿐이고 그 진리가 드러난 모습일 뿐이지만 사람들이 선과 악을 만들어 놓았다. 그것은 결국 편을 갈라 갈등과 반목을 조장할 뿐이다. 투쟁하면 조화가 깨어지고 질서도 깨어진다. 자유롭지도 못하다. 따라서 악일 수밖에 없다. 하나되게 하는 길이 아니라 이분二分되게 하는 길이므로 틀림없는 악惡이다. 이쯤에서 불교의 연기법에 대해 살펴보기로 한다.

2,500여 년 전 싯다르타 태자가 네 개의 성문 가운데 세 개의 성문을 나가서 맞닥뜨린 것은 바로 생로병사라고 하는 장면이었다. 인간은 누구나 죽는다는 사실이 너무나 큰 충격이었다. 그것은 절망이었다. 하지만 나머지 하나의 성문을 나갔을 때 태자는

매우 편안해 보이는 수행자를 만났다. 그것은 절망을 희망으로 바꿀 수 있는 가능성이었다. 그 경험은 태자로 하여금 수행자의 길을 걷게 하는 계기가 되었다. "왜 죽어야만 하는가?"에 대한 해결이 절실했기 때문이다.

그 이후 너무나 당연할 수 있는 '죽음'에 집중하자 그에 대한 답이 떠올랐다. 이 세상에 태어난 모든 것들은 다 죽는다는 것이었다. 다시 말해서 태어나기 때문에 죽는다는 아주 평범한 진리였다. 당시 부처님은 이렇게 말씀하신다.

> "그때 나에게 반야(지혜)에 의해 이치에 합당한 분명한 이해가 생겼다. 태어남이 있는 곳에 죽음이 있다. 죽음은 태어남에 의존한다."

죽음은 태어남에 의존한다고 하는 것, 이것이 바로 연기緣起이다. 태어났기 때문에 죽는다는 것이다. 역으로 태어나지 않으면 죽을 일도 없게 된다. 그렇다면 태어나는 일만 해결되면 죽는 일도 해결이 될 것이 아닌가? 부처님은 다시 고민했고 깊은 명상에 빠졌을 것이다.

"태어남은 무엇 때문에 있는 것일까?" 그래서 나온 답은 다음으로 이어졌다. 내면에서 일어나는 질문은 끝없이 꼬리에 꼬리를 물고 터져 나왔다. 그에 대한 대답 역시 반야(지혜)에 의해서 이끌어졌을 것이다. 그것을 정리하면 다음과 같다.

> "(이 세상에) 태어남은 존재세계[有]에 들었기 때문이다. (윤회할 수밖에 없는) 존재세계가 형성되었으므로 태어나는 것이다. 그렇다면 존재세계는 왜 형성되는 것일까? 소유[取]했기 때문이다. 어찌하여 소유하게 되는 것인가? 애착[愛]이 생겼기 때문이다. 애착은 왜 생겨나는 것일까? (좋다고 하는) 느낌(受)이 들었기 때문이다. 그렇다면 좋다거나 싫다고 하는 느낌은 왜 생겨나는 것일까? 대상과 접촉[觸]을 했기 때문이다. 접촉은 어떻게 가능한 것일까? 눈·귀·코·혀·몸·뜻이라고 하는 육입六入으로 인해서 생겨나는 것이다. 눈·귀·코·혀·몸·뜻[육입]은 왜 생겨나는 것일까? 정신과 육체[名色]가 있었기 때문에 생겨나는 것이다. 정신과 육체는 왜 생겨나는 것일까? 그렇다. 명색은 바로 우리 자신에게 내재된 프로그램인 식(識, 업)에 의존한다. 그렇다면 무엇 때문에 식은 생겨난 것일까?"

여기에서 부처님은 돌연 식識은 명색名色에 의존한다고 말함으로써 진행을 멈추는 듯하지만 다시 계속된다. 내용이 너무 무거진 것 같다. 장자의 이야기 한 편을 들어보고 계속하기로 한다. 우리들 상상의 날개를 최대한 펴서 장자의 이야기에 한 번 빠져보라. 이 부분은 이해하려는 생각을 버리고 마음껏 상상의 날개를 펴서 느껴보기를 바란다.

불모의 북녘 땅에 명해라는 바다가 있는데 그것은 하늘 못이다. 거기에 물고기가 있는데, 그 넓이가 수천 리나 되어, 그 길이를 아는 자가 없었다. 그 이름은 곤鯤이다. 거기에 새가 있었는데 그 이름은 붕이다. 등은 태산 같고, 날개는 마치 하늘이 구름을 드리운 것 같았다. 회오리바람을 치고 올라가는 것이 구만 리이다. 구름 위로 올라가서 푸른 하늘을 등진 후에 남쪽으로 날아가기를 도모하여, 남쪽 바다로 가는 것이다. 이를 본 메추리가 비웃으며 말했다. 저 새는 어디로 가지? 나는 날아올라도 몇 길(사람의 키 정도 길이)을 지나지 않아 도로 내려와 쑥대밭 사이를 배회하지만 이 또한 나는 것의 극치이다. 저 새는 또 어디로 가는 걸까? 이것이 작은 것과 큰 것의 구별이다.(『장자』「소요유」)

어렵겠지만 다시 본론으로 돌아가 삶에 대한 부처님의 지혜를 배워보기로 하자.

석가모니 부처님께서는 다시 몸과 정신(名色; 오온)은 프로그램이라 할 수 있는 식識에 의존한다고 하였다. 그리고 식은 다시 몸과 뜻과 입으로 지어감, 즉 행行을 바탕으로 한다고 분명하게 못박는다. 또한 지어감(行)은 어리석음이라고 하는 무명無明을 토대로 하고, 무명을 원인으로 하고, 무명을 기원으로 하고, 무명을 근원으로 한다고 하였다. 모든 것의 원인은 무명, 즉 어리석음이라는 뜻이다. 이것이 바로 12연기법이다. 다시 처음으로 돌아가 보기로 하자.

불교라고 하는 진리가 이 세상에 빛이 된 것은 싯다르타 태자가 죽음을 처음 맞닥뜨린 것이 계기가 되었다. 싯다르타 태자를 거론하지 않더라도 사람이 '태어나서 늙고 병들어 죽는다'고 하는 사실은 틀림없이 괴로움이다. 그런데 중생은 동식물이나 사람을 불문하고 모두 죽는다. 불교에서 우리가 사는 이 세상을 '고통의 바다〔苦海〕'라고 하는 이유도 거기에 있다. 따라서 불교의 궁극적 목적은, '고통을 벗어나 영원한 즐거움을 얻는 데〔離苦得樂〕' 두고 있다. 영원한 즐거움은 진리와 함께 함으로써만 가능하다. 진리란 바로 우리 생명의 근원이자 만물의 바탕이다. 그것을 우주의 실상인 부처라 한다. 인격적인 칭호로는 '부처님'이다. 인간의 몸으로 태어나 깨달음을 얻고 마침내 우주의 실상과 하나가 되신 분이 바로 석가모니부처님이다.

석가모니 부처님께서 깨달음에 이를 수 있었던 것은 바로 생로병사라는 고통의 문제에 깊이 천착한 덕분이었다. 그 결과 인간은 누구나 태어나서 늙고 병들어 죽는 존재이고, 그러한 고통이 주어지는 원인은 몸과 정신이 있기 때문이라는 깨침을 얻었다. 몸과 정신이란 바로 명색名色이고 다른 말로 하면 오온五蘊이다. 모든 고통은 오온에 대한 집착에서 시작된다. 즉 몸〔色〕, 감각〔受〕, 비교하여 분별하는 것〔想〕, 몸・입・뜻으로 행하는 것〔行〕, 그리고 이것들의 바탕에 있는 분별〔識〕들이 바로 '거짓 나(오온)'에 대한 집착의 산물이다. 그렇다. 모든 고통의 원인은 바로 집착의 산물이었다. 그렇게 첫 각성이 터지던 순간, 석가모니부처님은 소리쳤다. "집集이다!" 얼마나 기뻤을지는 상상하고도 남음이 있다. 안개가 걷히는 듯 세상이 밝아오는 환희였을 것이다. 마치 육조 혜능 스님이, "등불 하나 밝히면 천년의 어둠을 제거할 수 있고, 지혜가 터지니 만년의 어리석음이 사라진다〔一燈能除千年暗 一智能滅萬年愚〕"고 했던 것처럼 칠흑 같은 어둠이 걷히는 느낌이었을 것이다. 이렇게 석가모니 부처님은 12연기법을 통해서 사성제(四聖諦; 네 가지 성스러운 진리) 가운데 고苦성제와 집集성제를 보셨다. 그리고 다시 명상에 잠겼다. 그렇다면 역으로 '무엇이 사라지면 죽음도 사라지게 될 것인가' 하는 것이 화두였다.

늙어서 죽는 이유는 태어나기 때문이다. 만약 태어나지 않는다면 늙어서 죽을 이유가 없다. 그러므로 태어나지 말아야 한다. 그렇다면 어떻게 해야 태어나지 않을 수 있을까? 유(有; 존재계) 때문이다. 존재세계에 들지 않는다면 태어나지 않았을 것이다. 그러므로 유有에 들지 말아야 한다. 유란 무엇인가? 있다는 것이다. 있다고 믿는 세계이다. 궁극처라 할 수 있는 자연은 도, 무위, 묘妙, 혼돈混沌으로 표현하며, 그러한 진실의 세계는 상대세계가 아니라 절대세계이다. 상대세계가 아니란 것은 '나'를 만들어 그것에 매달린 세계가 아니라는 뜻이다. 반면 '나'라고 하는 것이 틀림없이 있다고 인식하는 세계가 바로 존재계이다.

물질로 인식된다는 것은 공간과 시간이 엄연하게 실재하는 세계이다. 욕계欲界, 색계色界, 무색계無色界로 표현하는 세계가 바로 그것이다. 그것을 유有라고 표현한다. 그렇다면 유가 소멸되기 위해서는 어떻게 해야 할까? 그렇다. 바로 취取함이 없어야 한다. 취取란 모음이다. 소유한 것이다. 잡은 것이다. 내려놓지 못한 것이다. 내려놓지 못했으므로 물질이 된 것이다. 거친 욕망은 욕계로, 미세한 정신세계는 무색계로 존재계가 형성된 것이다. 그러나 만약 취하여 집착하지 않았다면 다시 존재계에 들어가지 않았을 것이다. 그렇다면 취取가 소멸되기 위해서는 어떻게 하여야 할까? 애착하지 말았어야 했다. 애착이란 무엇인가? 욕망을 일으키는 것이다. 끌려가는 것이다. 좋다고 여겨 욕망에 이끌렸을 때 그것을 그대로 취했으므로 존재세계로 떨어진 것이다. 물질을 취하고, 맛들이고, 집착하며, 돌아보고, 생각하면 욕망의 묶음은 더하고 자라난다.

욕망을 일으켰기 때문에 잡음이 있고, 잡았기 때문에 존재가 있으며, 존재로 인해서 태어남이 있고, 태어났으므로 늙음, 병, 죽음과 근심, 슬픔, 번민, 괴로움이 있다. 이렇게 하여 순수한 큰 괴로움의 무더기가 모이게 되는 것이다. 그러므로 좋다고 끌릴 때 그것을 끊어버렸더라면 취함이 없게 되었을 것이다. 취함이 없었으면 존재세계가 생겨나는 일 또한 없게 되므로 태어남도 사라지게 된다.

그렇다면 욕망에 끌리는 것은 무엇 때문이었을까? 좋다고 느끼는 감정 때문이다. 싫었으면 밀어냈을 터이지만 좋다는 감정이 생겼으므로 끌렸을 것이다. 그러므로 좋다는 감정이 소멸되었더라면 애착하는 마음도 생겨나지 않았을 것이다. 그렇다면 즐겁거나 고통스럽다는 느낌, 즉 좋고 싫음은 왜 생기는 것일까? 감촉 때문이다. 감촉하는 순간 좋고 싫음이 일어난 것이다. 감촉은 왜 일어나는가? 그것은 감각기관이 있었기 때문이다. 육입六入으로 표현되는 안이비설신의眼耳鼻舌身意로 인해 대상과 만났기 때문에 좋고 싫음이 생겨났다. 따라서 육입六入이 없었다면 좋고 싫다는 감정은 생겨나지 않았을 것이다. 감각기관은 왜 생겨난 것일까? 그렇다. 감각기관은 명색名色으로 인해 생겨났다.

명색이란 정신과 육체이다. 명색이라고 하는 정신과 육체로부터 임신 5주가 되면 안이비설신의眼耳鼻舌身意라고 하는 감각기관이 생겨난다. 명색은 왜 생겨난 것일까? 어머니 자궁 속의 수정란, 즉 난자와 정자가 만났을 때 식識이 결합함으로써 비로소 명색으로 자라난다. 수정란이 없었으면 명색이 자라날 수 없었을 것이고, 수정란이 있었다고 할 지라도 식識이 결합되지 않았더라면 또한 명색으로 자라나지 못했을 것이다. 그러므로 석가모니께서 명색은 식을 인연하고, 식은 명색을 인연한다고 하였다. 그렇다. 명색이 성립하려면 식이 있어야 한다. 식識은 말 그대로 종자이다. 그것이 종자이기 위해서는 명색을 인연할 때 가능하다. 그러므로 명색이 없으면 식 또한 거론할 수 없다.

역으로 식識의 결합이 없었다면 명색도 생겨날 수 없다. 그렇다면 식은 무엇 때문에 생겨나는 것일까? 행行의 결과이다. 의지가 굳으면 그 행에 따라 종자가 형성되어 식으로 저장된다. 마치 잠을 자듯이 프로그램화된다. 그리고는 인연을 만날 때까지 드러나지 않는다. 행行이란 바로 업(Karma)을 만들어내는 원인이다. 업을 만들어낸다는 것은 우주의 생명, 즉 거대한 사랑에너지를 차단한다는 뜻이다. '나'를 만들어 우주의 실상에서 이탈한다는 뜻이다. 반야라고도 하는 근원 자리, 그것과 어긋나는 무엇인가를 형성해 간다는 뜻이기도 하다. 그렇게 형성해 가는 것만 소멸된다면 식識이 존재할 이유가 없어진다. 식이 소멸하면 명색도 소멸된다. 그렇다면 어찌하여 우주의 무량한 생명계, 즉 광명과 하나가 되지 못하는 것일까? 그것이 바로 무명無明이라고 하는 근본적인 어두움 때문이다.

모든 것의 원인은 무명(無明; 어리석음)에서 비롯된다. 어리석음이 바로 모든 것을 일으키는 원인이다. 그렇다면 바로 무명을 제거하면 모든 것이 저절로 소멸할 것이다. 무명이라고 하는 어리석음을 멸하면 행이 멸한다. 행이 멸하면 식識이 멸하고, 식이 멸하면 명색名色이 멸한다. 명색이 멸하면 육입六入이 멸하고, 육입이 멸하면 촉觸이 멸한다. 촉이 멸하면 수受가 멸하고, 수가 멸하면 애愛가 멸한다. 애가 멸하면 취取가 멸하고, 취가 멸하면 존재계가 설 자리가 없어진다. 존재계〔有〕가 멸하면 생로병사라고 하는 고통은 사라진다.

이와 같이 하여 태어나지 않는 것, 그것이 바로 무생無生이고 열반이다. 태어남이 없으면 늙음이 없고, 늙음이 없으면 병도 없고, 병이 없으면 죽음이 없고, 죽음이 없으면 고통도 없다. 고통이 없으면 더할 나위 없이 상서로워서 열반으로 향하게 된다고 석가모니는 말한다. 열반이라고 하는 것, 그것이야말로 바로 중도中道이다. 중도란 가고 옴이 없고, 나고 죽음도 없다. 있는 것도 없는 것도 아니며, 끝난다든가 영원하다고 하는 양변兩邊도 떠나 있는 깊고 깊은 이치이다. 그 이치는 맑고〔淨〕, 묘妙하고 참〔眞〕되며, 죽지 않고〔不死〕, 또 태어나지도 아니한다〔不生〕. 이곳이야말로 불교가 지향하는 절대세계이다. 열반이고 해탈이며 자재自在이다.

이로써 석가모니 부처님은 사성제四聖諦라고 하는 진리를 깨닫게 되었다. 집集으로 인해 고苦가 따르고, 집集이라고 하는 무더기를 멸滅함으로써 열반을 얻게 되는 깨달음을 얻었다. 그리고 열반을 얻기 위해 집集을 멸하는 방법은 바로 실천중도인 팔정도八正道로써 가능하다. 말 그대로 여덟 가지의 바른 길이다.

옳은 길이라 해도 되고 완전한 길이라 해도 된다. 그 이상 없는 최상의 길이므로 진리의 길이라 해도 된다. 이 말은 깨달음에 이른 성자聖者의 삶의 모습이야말로 팔정도로써 나타난다는 뜻이다. 그러므로 팔정도를 깨달음에 이르기 위한 실천법이라고 하는 것이다. 팔정도에 대하여 간략하게 소개하면 다음과 같다.

팔정도는 다시 계·정·혜 삼학도로 나누어 설명할 수 있다. 팔정도 가운데 계戒에 해당하는 내용은 완전한 말(正語; 바른 말), 완전한 행위(正業; 바른 행위), 완전한 생활(正命; 바른 생활)이다. 다음으로 정定에 해당하는 내용은 완전한 나아감(正精進; 바른 정진), 완전한 주의집중(正念; 있는 그대로 바른 챙김), 완전한 삼매(正定; 바른 선정)이다. 끝으로 혜慧에 해당하는 내용은 완전한 견해(正見; 바른 견해)와 완전한 마음가짐(正思惟; 바른 의도)이다. 수행에 뜻을 둔 사람은 계율을 잘 지켜야 한다. 계율을 잘 지키면 몸이 청정해져서 선정에 들어가기가 쉬워진다. 선정에 들어가면 우주본체의 실상에서 비롯되는 지혜를 얻게 된다. 그것이 이른바 견성見性이다.

결론적으로 『노자』 2장의 내용은 중도를 떠난 모든 언어는 입장에 따라 상대적일 수밖에 없다는 것을 설명하고 있다. 중도는 진리이고, 진리는 나와 너, 있고 없음, 길고 짧음, 쉽고 어려움, 아름답고 추함, 착하고 악함을 초월하기 때문이다. 이쯤에서 다시 노자의 말을 들어보기로 하자.

"그러므로 유와 무가 서로를 낳고(故有無相生)"

석가모니 부처님이 진리를 깨쳤을 때 하신 말씀은, "나는 중도를 보았다. 그 길은 내가 처음 발견한 길이 아니라 여러 선현들이 걸어갔던 길이다"였다. 중도는 흔히 말하는 중립적인 입장을 취하는 것이 아니다. 가장 적합한 길이 중도이다. 가장 완전한 길이 중도이다. 가장 귀하고 가장 높은 길이다. 더 없이 평등한 길이며 어느 것 하나 걸림이 없는 자유자재의 길이다. 그래서 우주의 마음과 하나가 되는 길이 중도라 할 수 있다. 따라서 중도를 의미하는 말 가운데는 실상이나 적정寂靜, 열반, 광명, 생명, 자재를 포함하여 무수히 많은 상징적인 언어가 있다. 도가사상에서 중도를 상징하는 언어는 혼돈이나 자연, 무위를 포함한 여러 말들이 있다. 즉 있다거나 없다는 표현으로는 절대로 진리와 하나가 될 수 없다는 뜻이다. 그래서 불교에서 중도를 생멸(生滅; 태어나고 죽는 것 초월)중도, 일이(一異; 하나라는 것과 다르다는 것 초월)중도, 거래(去來; 가고 오는 것 초월)중도, 단상(斷常; 끊어진다는 것과 영원하다는 것 초월)중도로써 설명하기도 한다. 단지 이것뿐만이 아니다. 고락(苦樂; 고행과 쾌락 초월)중도, 유무(有無; 존재와 무의 초월)중도와 같이 대립관계를 설명하는 모든 언어를 초월하는 것이 바로 중도이다. 초월은 어느 한 편에도 서지 않음으로써 모든 것 안에 들 수 있고, 그것이 곧 묘(妙; 진리)가 되는 것이다. 따라서 '있다'고 표현하게 되면 그 말은 곧 '없다'는 것이 이미 전제가 되어 있다는 뜻이다. 역으로 '없다'고 하면 이미 '있다'가 전제되었다는 뜻이다. 모든 상대적인 언어는 중생 각각의 내면에 프로그램 되어 있는 대로 판단하여 표현한 것일 뿐 진리와는 무관하다는 뜻이다. 따라서 영원하지 않으며 언제든지 입장에 따라 바뀔 수 있다는 뜻이다. 아무리 자신이 많이 소유했다고 생각되었더라도 더 많이 소유한 사람을 만나면 그 순간 자신은 덜 가진 사람이 되고 만다. 반대로 아무리 가진 것이 없다고 여겼더라도 더 초라한 사람을 만나면 자신은 금세 부자가 되는 법이다. 이처럼 노자는 상대세계의 언어는 서로 기대어서 표현되는 것일 뿐 실제와는 다르다는 것을 설명하고 있다. 그 다음의 내용도 마찬가지다.

"어려운 것과 쉬운 것이 서로를 이루어 주며(難易相成)"

어려운 것은 쉬운 것 때문에 어려움이 된다. 쉽다고 하는 것이 없어지면 어려운 것은 설 자리를 잃게 된다.

가령, 어떤 사람이 도저히 풀 수 없는 과제를 하나 맡았다고 가정해 보자. 너무 고통스러울 것이다. 포기하고 싶을 것이다. 반항심도 생길 것이다. 그러나 그때 그 사람이 보기에 자기 자신이 씨름하는 문제보다 더욱 더 해결의 실마리를 찾을 수 없는 문제를 들고 고통받는 사람을 발견했다고 하자. 아마 그 사람은 "나는 쉬운 편이군" 하면서 자신이 처한 문제는 쉽다고 안도할 것이다. 반면에 너무나 쉬운 문제를 금세 해결하고 그 자리를 뜨는 사람을 만났다고 가정해 보자. 아마 분통을 터뜨리며 자신의 문제를 더욱 더 어렵다고 단정지을 것이 분명하다. 이것이 세상사이다. 그러므로 모든 것이 마음먹기에 달렸다고 하는 말도 나온 것이리라.

"긴 것과 짧은 것이 서로 견주고(長短相較)"

보통 긴 것보다 더 긴 것만 본 입장에서는 웬만큼 긴 것은 짧은 것이다. 또, 보통 짧은 것보다 더 짧은 것만 경험한 입장에서는 웬만큼 짧은 것은 짧은 것이 아닐 것이다. 장자의 이야기 가운데서 예로 들면, 하루살이에 비해 쓰르라미는 밤을 아는 존재이므로 긴 삶을 산다. 그러나 뱁새에 비해서 쓰르라미는 짧은 삶을 산다. 하지만 거북이에 비하면 뱁새는 턱없이 짧은 삶을 산다고 할 수 있다. 이와 같이 이미 개체로서의 한 생生을 이야기하는 순간 모든 것은 상대적일 수밖에 없다. 장단長短이라고 하는 것 자체가 이미 상대세계의 중생들 소견이기 때문이다. 진리의 관점에서 보면 길고 짧은 것이 존재하지 않는다. 단지 중생들 각각 내면의 프로그램에 의해 그렇게 인식할 뿐이다. 따라서 길고 짧은 것은 언제든지 바뀔 수 있다.

"높고 낮은 것이 서로를 (저울질하여) 기울이며(高下相傾)"

높고 낮음도 예외가 아니다. 인간세계에서 정해 놓은 높고 낮음은 모두 상대적인 것이다. 대리에게 차장은 높지만, 부장에게 차장은 낮다. 또 회장에게 부장은 턱없이 낮은 직분이다.

그런데 사람들이 정해 놓은 지위가 아무리 높다고 한들 우주의 실상인 '부처'나 '하늘', 혹은 '자연'이라 불리는 '진리'에 견줄 수 있는 자리는 없다. 아무리 최고 권력자인 대통령이라 한들 그 힘이 어디까지 미칠 수 있겠는가? 여담인데, 필자 지인의 아들 가운데 9살짜리 아주 신통한 아이가 한 명 있다. 그런데 그 아이가 어느 날 엄마에게 다음과 같이 묻더란다.

아들: "엄마! 노자는 이긴 적이 있을까요?"

엄마: "글쎄…"

아들: "자연에 몸을 맡긴 사람이 노자인데, 자연에 몸을 맡긴 사람은 한 번도 경쟁하는 마음을 가져본 적이 없어서 이기거나 진 적이 없어요."

엄마: "……"

모지긴의 기막힌 대화라 할 수 있지 않은가? 필자는 이런 아이들에게서 우리나라의 희망을 보며, 미래를 읽는다. 공자孔子도 진리 안에서 사는 사람은 하늘이 주는 높은 벼슬에 앉은 사람이라 하였다. 그러므로 인간이 그를 함부로 끌어내릴 수가 없다. 인간 세상에서 가장 높은 대통령일지라도 권력은 무상한 것이어서 때가 되면 내려와야 한다. 심지어는 불행하게도 그 자리에서 자신의 명命을 다하지 못하는 경우조차 있다. 아무리 권력이 대단하다고 한들 보이지 않는 세상은 고사하고 보이는 세계에조차 다 미치기 어렵지 않은가? 그러나 궁극적인 실상인 '진리(진리 혹은 생명)'은 만물에 그 덕이 미치지 않는 바가 없다. 그뿐만 아니라 보이지 않는 세계에까지 그 영향력이 미친다.

이와 같이 상대세계의 무상無常함과 절대세계의 지대至大·지강至剛함은 그 차이가 확연하다. 그런데도 무지한 우리들은 생각의 틀에 둘러싸여 벗어날 줄을 모르고 살아가는 것이 현실이다. 삶이라고 하는 것이 길어야 고작 8~90년 아니겠는가? 길다면 길 수도 있겠지만 잠깐 찰나에 지나가는 것 아니겠는가? 그러므로 옛 선지식들께선 촌음寸陰을 아껴 정진하라고 했던 것이 아닐까 되새겨 본다.

"내는 소리와 들리는 소리가 서로 어울리고(音聲相和)"

음音은 내는 소리이다. 그래서 흔히 음악이라고 풀이한다. 높낮이가 다른 소리를 내는 것이 음악인 까닭이다. 성聲은 들리는 소리이다. 따라서 자연의 소리로 풀이한다. 내는 소리를 인因하지 않고 어찌 들리는 소리가 있을 것이며, 들리는 소리가 어찌 내는 소리와 어울리지 아니하고 들리는 소리가 될 수 있겠는가? 들을 수 없는 사람이 말도 하지 못하는 것은 그 때문이다. 또 백아절현伯牙絶絃고사를 낳은 백아와 종자기의 사연도 이를 뒷받침한다. 백아는 거문고를 무척 잘 탔고, 종자기는 백아의 거문고 소리를 들으면 백아의 생각을 알아맞혔다고 한다. 그런데 자신의 소리를 알아주던 종자기가 어느 날 죽고 말았다. 백아는 자신의 거문고 소리를 알아줄 친구가 사라졌기 때문에 더 이상 거문고를 켤 이유가 없다고 판단, 스스로 거문고 줄을 끊었다는 데서 유래하였다. 한편에서는 이 이야기가 백아와 종자기의 우정을 나타내는 고사라 하여 지기지우知己之友, 백아지교伯牙之交, 백아지우伯牙之友라고 말하기도 하며, 자신을 깊이 알아주는 사람을 지음인知音人으로 칭하게 된 것도 이 고사에서 비롯하였다.

물론 장자가 말하는 무하유지향無何有之鄕이라고 하는 세상 밖의 이야기를 말할 때는 그림자 없는 사람도 있고, 보이는 세계의 일을 마치 떡 주무르듯이 자유자재로 행하는 사람도 있다.

예컨대 포정庖丁은 수많은 소를 해부하였는데도 칼날은 처음 만들어졌을 때처럼 예리한 그대로 유지한다. 이런 내용은 이미 이 세상 사람의 이야기라 할 수 없다. 그들은 자연에 몸을 맡긴 사람이다. 따라서 신神의 경지에 든 사람이라 할 수 있다. 잠시 『장자』「양생주」의 소를 가르는 포정庖丁의 이야기를 살펴보면 그 내용은 이렇다.

> 포정庖丁이 문혜군을 위해 소를 해부한 일이 있었다. 손을 대고, 어깨를 기울이고, 발로 밟고, 무릎을 구부리는 동작에 따라서 뼈를 바르는 소리가 획! 하고 메아리쳤다. (마치) 음악을 연주하듯 칼이 획! 하고 움직이는데 음률을 벗어나지 않으며(적중하며), (은나라 탕왕 때의 명곡인) 상림桑林의 춤에도 조화를 이루었으며, (요임금 때의 명곡인) 경수經首 음률에도 맞았다. 문혜군이 말하기를, "아! 훌륭하다. 재주가 어찌 여기에까지 이를 수 있는가?" 하였다. 포정이 칼을 내려놓고 대꾸하기를, "신臣이 좋아하는 것은 도道입니다. 재주부리는 데 나아가고자 한 것이겠습니까? 처음 제가 소를 해부할(잡을) 때는 보이는 것은 모두 소뿐이었으나, 3년이 지난 후에는 일찍이 소라고 하는 모습은 도통 보이질 않는 것이었습니다. 지금의 저는 신神으로써 소를 대하고 눈으로 보지는 않습니다. 감각기관이 멈추니 신神의 의지대로 행해졌습니다. 천리天理에 의지해 (소의 가죽과 고기, 살과 뼈 사이의) 큰 틈새를 치고 빈 틈으로 (칼을) 움직여 본래 생겨난 자연의 모습대로 따를 뿐입니다. (이제 저의) 기술은

뼈에 붙은 살이나 힘줄을 건든 적이 없습니다. 하물며 큰 뼈이겠습니까? 솜씨 좋은 소잡이가 해마다 칼을 바꾸는 것은 살을 가르기 때문입니다. 대체로 소잡이들이 한 달마다 칼을 바꾸는 것은 뼈를 자르기 때문입니다. 지금 저의 칼은 19년 되었고 수천 마리의 소를 잡았으나 칼날은 마치 방금 숫돌에 갈아놓은 것과 같습니다. 저 뼈마디에는 틈새가 있고, 칼날은 두텁지 않습니다. 두텁지 않은 것을 넓은 틈새에 넣으니 넓고 넓어 칼날을 놀리는 데 여유가 있습니다. 그러므로 19년이나 되었으나 금세 숫돌에 갈아놓은 듯합니다."…… 문혜군이 말했다. "훌륭하구나! 나는 포정의 말을 듣고 양생養生을 터득했다."

양생養生이란 생명을 기른다는 뜻이다. 생명을 잘 기른다는 것은 진리와 함께 할 때 가능해진다. 장자는 포정이 소를 가르는 이야기를 통해 진리와 함께 하는 사람의 대자유를 말하고 있다. 우리의 몸도 마음도 자연, 즉 진리에 맡길 때 비로소 모든 것이 온전해진다는 이야기이다.

하지만 앞의 이야기는 이미 입신入神에 든 사람의 이야기이다. 입신에 든 사람은 더 이상 세상의 안목, 다시 말해서 상대세계에서 적용시켜 비교할 대상이 아니다. 어찌 부처님을 말하면서 이 세상 사람들의 안목으로 그를 찾을 수 있겠는가? 불교에서 "모습으로써나 소리로써 여래를 찾으려 하지 말라"고 한 이유도 그 때문이다. 노자나 장자의 핵심도 그와 같다고 할 수 있다. 이미 자연自然이 되어버린, 신神의 경지에 든 사람을 상대세계의 안목으로 시비 삼을 수 없다는 뜻이다. 노자의 그 다음 내용을 살펴보기로 하자.

"앞과 뒤가 서로를 따른다(前後相隨)."

뒤를 전제하므로 앞이 성립된다. 앞을 전제하므로 뒤가 성립된다. 뒤가 없는 앞은 없고, 앞이 없는 뒤도 또한 없다. 앞과 뒤가 사라진 곳, 그곳이 바로 자연이다. 무위無爲의 세계이며 무명無名의 세계이다.

"그러므로 성인은 무위의 일에 처하고(是以聖人處無爲之事)"

육조 혜능 스님이 출가하게 된 경위는 『금강경』의, "응당 머무는 바 없이 마음을 낼지니(應無所住而生其心)"라고 하는 구절이었다고 전해진다. 머무는 바 없는 마음이란 마음을 붙이지 말라는 뜻이다. 마음을 붙인다는 건 '나'라는 의식이 따라다닌다는 뜻이다. 이는 마치, "왼손이 하는 일을 오른손이 모르게 하라"는 기독교 성서의 말과도 통하는 개념이다.

왼손이 하는 일을 오른손이 모를 수 있는 길은 무엇이겠는가?

아무리 모르게 하고 싶어도 내가 아는 이상 오른손이 어찌 모르겠는가? 사람들은 흔히 이 경우 사람들 몰래 하면 된다고 여긴다. 남들도 모르게 행하는 선행이 바로 왼손이 하는 일을 오른손이 모르게 한 것이라 여긴다는 뜻이다. 하지만 아무리 사람들이 모른다고 해도 나는 아는 것이므로 틀린 말이다. 내가 아는 한 나의 왼손이 한 일도, 반대로 오른손이 한 일도 알 수밖에 없다. 그러므로 왼손이 하는 일을 오른손이 모를 수 있는 방법은 오직 하나다. 나조차도 내가 한 행동을 모르는 길밖에 없다. 그것이 어찌 가능하냐고 항변할 수도 있다. 그러나 자신이 무엇을 행하더라도 자기가 했다는 의식 자체가 없는 경우는 틀림없이 있다. 길을 가다가 놀이터에 유리조각이 있으면, "어이쿠 이곳에 이렇게 위험한 것이 있다니……" 하며 그것을 주워 버리는 것과 같은 행동이 바로 그러한 예라 할 수 있다. 언제나처럼 놀이터에서는 아무도 유리조각에 다쳐 피를 흘리는 사람이 없다. 유리조각으로 인한 사고가 이미 예방되었기 때문이다. 그러나 유리조각을 주워 버린 사람도, 그곳에서 안전하게 노는 어린아이들도 자신들을 지켜준 누군가가 있었다는 사실은 모른다. 그것이 바로 무위의 일에 처하는 것이다.

이처럼 행하되 행한다는 생각이 없을 때를 무위無爲라고 한다. 그와 반대되는 말은 유위有爲이다. 유위는 '내'가 있어서 하는 것이다. 내가 일을 하므로 이미 '나'라고 하는 상相을 세운 것이다.

'나'라고 하는 상은 중생심에서 비롯된다. 중생심은 '나'라는 생각과, '너'라는 생각, '중생'이라고 하는 공간개념, '목숨'이라고 하는 시간개념 속에서 비롯된다. 그것이 바로 개별적 존재세계를 따로 만들어내는 일이다. 개별적 존재세계가 만들어졌다는 뜻은 상대세계에 속한다는 뜻이다. 그러므로 무위지사無爲之事, 즉 절대세계라 할 수 있는 무위의 일을 행할 수는 없다. 그러한 반면 성인聖人은 어떤 사람인가?

불교로 말하면 부처님이시다. 부처님은 상대세계의 중생차원을 떠나 진리의 삶을 사는 존재이다. 우리 인간들이 실향민이라면 부처님은 고향에 이르신 분이다. 고향에 이르신 부처님의 세계엔 '나'도 없고, '남'도 없다. 바꿔 말하면 모든 것이 나 아님이 없다. 그러므로 무엇을 한다거나 해야 할 것도 없다. 오직 자연自然일 뿐이다. 무념無念이며, 응무소주이생기심應無所住而生其心이다. 남들이 보면 성인도 끊임없이 무엇인가를 행하지만, 정작 성인은 자신이 무엇을 행한다는 생각을 일으키지 않고 움직인다. 그것이 바로 무위지사無爲之事이다.

"말없는 가르침을 베풀며(行不言之教)"

과연 말없이 가르침을 베푼다는 것이 가능하기는 한 걸까? 실제로 어려워 보이고 또 어려운 일이기도 하다. 하지만 우리는 옛

경전에서 말없는 가르침을 베푼 경우를 간혹 맞닥뜨린다. 우리가 기억하는 성인은 요임금과 순임금, 예수, 석가모니, 노자, 그리고 공자가 있다. 맹자는 특히 말만하면 요순堯舜을 거론했다고 한다. 그만큼 요순이 사표가 되었다는 뜻이다. 그런데 그 성인 요임금과 순임금이 한 일은 단지 남쪽을 향하여 앉아 있기만 했다고 한다. 그것은 임금의 자리가 북쪽이므로 북쪽에 앉아서 남쪽에 도열해 있는 신하들을 내려다보고만 있었다는 의미이다. 그러므로 임금이 한 일이란 고작 임금 자리에 앉아 있기만 했다는 뜻이다.

그런데 그러한 성인聖人 순임금에 대해 공자가 언급한 것이 있다. 『논어』「팔일편」에 보면, 공자는 순임금의 음악인 소韶를 들으시고, "아름다움을 다했고〔盡美〕, 착함을 다했다〔盡善〕"고 평했다. 또, 『논어』「술이편」에는, 공자가 소韶를 들으시고는 3개월 동안 고기 맛을 모르시더니, "음악을 하는 것이 이러한 경지에 이를 줄은 생각하지 못했다"고 술회한 내용이 있다.

이 우주법계는 어떻게 이루어졌을 것 같은가? 어찌하여 천상의 음악소리란 말이 있는지 생각해 본 적은 있는지 묻고 있는 것이다. 필자는 기독교 주기도문에서, "뜻이 하늘에서 이루어진 것 같이 땅에서도 이루어지이다"라고 하는 의미에 대해 생각해 본 적이 있다. 또 불교의 『정토삼부경』에 묘사되어 있는 극락의 모습에 대해서도 곱씹어본 적이 있다. 물론 아주 이상적으로 설명되어 있기는 하지만 우리가 살고 있는 세상과 흡사하다는 느낌을 지울 수 없었다. 비록 종류가 다르다고는 하지만 절대세계에 존재하는 것이 이 세상에도 고스란히 있다는 느낌이 들었다. 그래서 하늘에서 이루어지듯이 땅에서도 이루어지라고 기도하는지도 모른다는 뜻이다.

모든 것이 자유롭게 소통되고 조화를 이루며 평화가 깃들어 있는 극락(하늘)에는 더 없이 아름다운 온갖 형상의 구성요소들이 등장한다. 그뿐만 아니라 이 세상에 음악이 있듯이 진리의 세계에도 또한 음악이 있다고 하였다. 그래서인지 경전을 읽다 보면 온갖 범천(하늘)의 음악에 대해 설명되어 있는 구절이 있다. 실제로 중국불교사에는 조식이란 사람이 범천의 소리를 듣고 범패를 만들었다는 내용도 전한다. 그렇다면 같이 한 번 상상의 나래를 펴 보기로 하자.

이 우주는 끊임없이 움직인다. 그 움직임이 모든 것을 창조하고 또 거두는 힘이다. 그 힘이 바로 생명력이다. 그 생명력의 조화로움 속에서 모든 창조가 일어나는데, 그 리듬이 바로 음악이고, 그 리듬에 몸을 맡기면 '춤'이 되는 것이다. 그런데 공자가 순임금이 만든 음악을 듣고 아름다움을 다했고, 착함을 다했다고 했다는 것이 무엇을 말하는가?

불교에서는 궁극적인 진리를 깨달아 부처가 되면 삼명육통三明六通이라고 하는 신통이 열린다고 한다. 삼명육통 가운데 천이통天耳通이 있다. 천이통이란 하늘의 소리를 듣는다는 뜻이다. 그렇다면 그토록 아름다운 음악을 만들어냈던 순임금도 하늘의 소리를 들은 것이 아니겠는가. 선함을 다했다는 말이나 아름다움을 다했다는 말은 진리와 부합한다는 뜻이기도 하기 때문이다. 하늘의 소리를 들으려면 하늘과 만나야 한다. 하늘과 만나고 하늘을 행하는 사람만이 성인이다.

『주역』 건괘, 「문언전」의 표현을 빌면, "대저 성인은 천지와 더불어 그 덕을 합하고, 일월日月과 더불어 그 밝음을 합하며, 사시四時와 더불어 그 질서를 합하며, 귀신과 더불어 길흉吉凶을 합하여, 하늘보다 앞서도 하늘이 어기지 아니하며, 하늘보다 뒤에 하여도 천시天時를 받드나니, 하늘도 어기지 아니하는데 하물며 사람에 있어서랴! 하물며 귀신에 있어서랴!"라고 성인을 묘사하고 있다. 그것은 『금강경』에서 머무는 바 없이 마음을 낸다고 하는 '응무소주이생기심'과 그 맥을 같이하는 것이고 노자가 말하는 무위無爲의 일에 처하는 것과 의미를 같이한다고 할 수 있다.

따라서 불언지교不言之教를 행한다고 하는 말은 부처님께서 45년이나 설법을 하시고도 한 마디도 하지 않았다고 하는 것과 내용을 같이한다고 이해하면 된다. 이미 에고의 '나'가 없는 상태에서 오직 본성대로만 법을 말씀하셨으므로, "나는 한 마디도 하지 않았다"가 성립된다.

사실 말은 본시 소통의 도구이다. 소통의 도구는 '내'가 있고,

'너'라고 하는 상대가 있을 때 필요한 형식이다. 그런데 성인은 천하가 모두 '나' 아님이 없다. 앞에서도 설명하였듯이 "부처님은 온 우주를 몸으로 한다"고 하였다. 그러므로 45년 동안 설법을 하셨지만 "내가 한 말은 한 마디도 없다"고 한 것으로 이해할 수 있다는 뜻이다. 다시 말해서 깨달은 상태에서 행한 가르침은 미완성인 인간들이 하는 '말'과는 그 차원이 다르다는 의미이다. 불언지교不言之教는 이러한 맥락으로 이해하면 된다.

혹자는 불언지교不言之教에 대해 풀이하기를, '말은 없고 몸소 실천함으로써 가르침을 삼았다'고도 한다. 그때의 말에 대해서는 받아들이는 사람의 이해가 필요한 부분이 있다. 입으로는 아무런 말도 하지 않았다고 이해하면 안 된다는 뜻이다. 정사를 돌보는 데 있어서 어찌 언어가 없을 수 있겠는가. 성인으로 칭송되는 순임금도 분명히 정사를 돌보시면서 사람을 죽이라고도 했고, 유배를 보내라고도 했다. 단지 개인적인 감정이 있어서 행한 처사가 아니기 때문에 에고가 작용한 것이 아닐 뿐이다. 에고가 작용하지 않았으므로 '나'로서 '너'에게 말을 한 것이 아니다. 하늘의 마음으로 하늘의 일을 한 것뿐이다. 잠시 필자의 경험을 토대로 불언지교에 대한 이해를 돕고자 한다.

필자의 영적靈的 스승이셨던 고 청화대선사께서는 생전에 세칭 '살아 있는 부처'라 불리셨다. 선승禪僧, 즉 수행자이면서도 불교를 포함한 동서양의 종교철학뿐만 아니라 현대물리학에 이르기까지 다방면에 걸쳐 해박한 지식을 소유한 분이셨다. 그러한 소문 때문이었는지 간혹 종교를 달리하는 학자들이 스님을 상대로 앎을 견주기 위해 뵙기를 청하는 경우가 있었다. 그런데 어찌된 영문인지 스님 앞에 앉기만 하면 대적하려던 마음은 사라지고 순한 양으로 돌변하고 말았다. 심지어 소리내어 펑펑 울어버리는 사람조차 있었다. 이것이 바로 덕화德化가 아닐까 생각한다. 덕화란 덕, 즉 내면의 천성을 발현시켜 대적하려는 상대방을 뿌리까지 송두리째 바꾸어버리는 것이다. 그것이 어떻게 가능할까.

진리와 함께 하는 사람은 하늘의 마음을 낸다. 하늘의 마음을 낸다는 건 사랑의 기운을 뿜어낸다는 뜻이다. 사랑의 기운은 상대방을 무장해제시킨다. 저절로 겨루려고 했던 모든 마음이 눈 녹듯이 사라지게 만드는 힘이 바로 하늘의 기운이고, 그것을 우리는 자비심, 혹은 사랑이나 인仁이라 부른다. 어찌 대선사에게만 이러한 기운이 있겠는가. 천진난만한 어린아이에게서도 간혹 이러한 기적이 일어난다.

『장자莊子』를 읽다 보면 곱추나 앉은뱅이, 혹은 외다리를 가진 성인聖人들이 묘사되곤 한다. 그들은 아무도 아는 체를 하지 않는다고 한다. 그러므로 누군가에게 무엇인가를 가르치려는 생각도 없다. 그러나 사람들은 그들을 만나고자 줄을 서서 기다린다는 것이다. 남자들은 그들과 친구가 되고 싶어하며, 여인들은 그들의 몇 번째 부인이라도 좋다며 삶의 동반자가 되고 싶어한다고 하였다. 그들이 바로 혼돈의 삶을 사는 이 세상의 등불이라 할 수 있다. 그들은 마음의 양식이 풍부해서 온갖 종류, 즉 외로움, 괴로움, 슬픔, 고통을 가진 세속적인 사람들에게 그에 합당한 영양소를 골고루 나주어 준다. 아니 그들이 주는 것이 아니라 그들을 보는 순간 상대방이 저절로 취하게 된다. 그것이 바로 진리의 힘, 즉 덕력德力이며 불언지교不言之敎라 할 수 있다. 잠시 장자가 묘사한 성인의 모습을 살펴보고 다음으로 넘어가기로 한다.

노나라의 애공이 공자에게 물었다. "위나라에 애태타라는 추악한 사람이 있는데요, 남자들이 그와 함께 있으면 사모하게 되어 그 자리를 떠나지 못하고, 여자들이 그를 보면 부모에게 청하여 다른 사람의 처가 되기보다는 차라리 그 사람의 첩이라도 되기를 희망하는 사람이 수십 명이 넘습니다. 그런데 그가 먼저 말을 꺼낸다는 말을 나는 들은 적이 없습니다. 항상 남에게 응답만 할 뿐입니다. (그는) 임금의 지위가 있어 사람들을 죽음에서 구해주는 것도 아니고, 돈을 모아 사람들의 배를 채워주는 것도 아닙니다. 게다가 추악한 모습이 천하를 놀라게 하면서도, 응답만 할 뿐 먼저 말을 꺼내지도 않습니다. 지혜롭다는 소문이 외국에 알려질 정도도 아니건만, 남녀 할 것 없이 그 앞에 모여드니 이는 반드시 다른 사람들과는 다른 점이 있는 사람일 것입니다. (그래서) 제가 그를 불러서 보니 과연 추악함이 천하를 놀라게 할 만하였습니다. 그러나 제가 그와 함께 거처한 지 한 달도 되지 않아서 저는 그 사람 됨됨이에 대해 생각을 하게 되었습니다. 그리고 일 년도 되기 전에 저는 그를 믿게 되었습니다. 때마침 나라에 재상(수상, 혹은 국무총리)이 없어서 그에게 국정을 전하려 했더니 그는 내키지 않는 모습으로 마침내 수락하는 듯했지만, 멍한 모습이 마치 사양하는 것 같기도 하였습니다. 이에 저는 (그가 자질이 있는지 없는지 요리조리 계산했던 사실이) 부끄러워졌습니다. 그러다가 마침내 그에게 국정을 맡겼습니다. 그랬더니 얼마 되지도 않아 (그는) 저를 떠났습니다. 저는 귀중한 것을 잃어버린 듯 마음이 멍한 것이 텅 빈 것 같습니다. 이제 나라 다스리는 즐거움을 함께 할 사람이 없어진 것 같습니다. 그는 어떠한 사람입니까?" …… 공자가 대답하였다. …… 애태타는 말을 하지 않아도 사람들에게 신뢰를 얻고, 공을 세우지 않아도 사람들과 친해집니다. 그리하여 사람들이 자기 나라의 국정을 물려주려 하면서도 오직 받아주지 않을까 걱정하는 정도가 되었으니, 그는 반드시 재주가 온전하면서도 덕德이 밖으로 드러나지 않는 자일 것입니다."

애공이 다시 물었다. "재주가 온전하다는 것은 무엇을 말합니까?" 공자가 대답했다. "사는 것과 죽는 것, 있는 것과 없는 것, 곤궁한 것과 출세하는 것, 가난한 것과 부유한 것, 현명한 것과 못난 것, 명예가 훼손되는 것과 명예로운 것, 굶주리고 목마른 것, 춥거나 더운 것은 모두 인간사의 중요한 변수이고 운명적으로 진행되는 것입니다. 그리하여 밤낮으로 서로 교차하면서 사람을 앞으로 끌고 갑니다. 사람의 지식으로는 처음부터 어떤 원인으로 그렇게 된 것인지를 헤아리지 못합니다. 그러므로 어지러움 속에서의 조화를 유지하지 못하고, 신령한 마음의 창고에 들어가지 못합니다. 가령 그것들을 조화롭고 기쁜 것으로 여김으로써 모든 것이 하나로 통하게 되어 기쁨의 상태에 있으면서 잃어버림이 없고, 밤과 낮을 구별하지 않고 만물과 하나가 되어 사계절을 모두 봄으로 여긴다면, 이는 만물과 접하여 사는 것이고, 본마음의 상태에서 진리대로 사는 사람입니다. 이러한 사람을 일컬어 재주가 온전한 사람이라고 합니다."

"덕이 밖으로 드러나지 않는다는 것은 무엇을 말합니까?"

"수평을 이루는 것 중에는 물이 멈추어 있을 때가 제일입니다. 그것을 표준으로 삼을 수 있습니다. 안으로 자연의 모습을 잘 보존하고 밖으로 출렁이지 않기 때문입니다. 덕이란 조화를 이룬 것이 제일입니다. 덕이 외부로 나타나지 않으면 만물이 떨어져나가지 않습니다."(이기동 역해, 『장자(내편)』, 동인서원 참조)

"만물이 일어나도 사양하지(내치지) 아니하고(萬物作焉而不辭)"

만물이 일어난다는 것은 내 앞에 온갖 일들이 나타난다는 말이다. 보통 사람은 자기 앞에 온갖 일들이 나타나면 마음이 붙들리게 된다. 다시 말해서 마음이 얽히게 된다는 뜻이다. 마음이 얽힌다는 말은 내게 저장된 인식의 틀과 만난다는 뜻이다. 자신의 틀, 즉 내재된 프로그램과 잘 맞으면 기쁘고, 그 프로그램과 어긋나면 화가 나거나 슬프고, 혹은 고통스럽기도 하다. 또 자신의 프로그램과 전혀 무관할 경우, 다시 말해서 그것에 대해 입력된 프로그램이 없으면 무관심하게 된다.

가령, 어떤 사람의 프로그램이 "복숭아는 맛있다"일 때 누군가가 복숭아를 주면 무척 좋아한다. 반대로 "복숭아는 알레르기를 일으키는 과일이야"라고 프로그램이 입력되어 있는 사람에게 누군가가 복숭아를 주면 질색을 할 수 있다는 뜻이다. 또, "얼굴이 갸름하고 마른 사람이 예쁘다"고 입력되어 있는 사람에게 어느 날 그와 같은 사람이 나타나면 호감을 가진다. 반면 얼굴이 각지고 뚱뚱한 사람이 나타나면 비호감일 수밖에 없다. 또, "매사에 깍듯하게 예의를 갖추는 사람이 교양이 있는 사람이다"라고 프로그램 되어 있는 사람에게 다소 투박하고 거친 사람이 나타나면 싫어할 수 있다. 또, "많은 사람을 도울 수 있다는 것은 축복이야"라고 프로그램 되어 있는 사람은 남을 돕는 일에 기쁨으로 임한다. 반면, "많은 사람들이 도움을 요청하면 나만 피곤할 뿐 아무런 도움이 안 돼" 라고 프로그램 되어 있는 사람에게 남들보다 많은 일이 주어지면 불평불만이 가득해서 짜증을 낼 수 밖에 없다. 실제로 이 모든 것들이 현실에서 나타나는 상황이며 반응은 지극히 상대적이다. 따라서 똑같은 상황에서도 기뻐하는 사람과 싫어하는 사람, 혹은 무관심한 사람이 있는 것이다.

그러나 성인은 이미 해탈한 존재이다. 모든 내면의 프로그램, 다시 말해서 중생의 업이라고 하는 굴레로부터 자유로운 존재이다. 그러므로 어떠한 경우에도 내치지 않고 순순히 받아들인다. 종교에서 순명(順命; 주어진 상황에 따르는 것)을 강조하는 이유도 거기에 있다. 불교에서는 나와 남의 경계를 뛰어넘어 모두를 이롭게 행하는 존재를 보살이라 한다. 보살은 중생처럼 계산하고 따져서 마음을 내는 존재가 아니다. 보살은 반야지혜로써 무량한 자비심을 내는 존재이므로 온 우주를 자기 몸으로 여긴다. 그러므로 보살은 고통을 참으면서 마음을 내지 않는다. 분노를 참으면서 마음을 내지도 않는다. 기꺼이 저절로 모든 것을 섭수한다. 따라서 보살은 보시섭布施攝·애어섭愛語攝·이행섭利行攝·동사섭同事攝이라고 하는 사섭의 마음으로 중생을 포용하고 교화한다. 구체적으로 살펴보면 다음과 같다.

첫째, 보시섭布施攝은 진리를 가르쳐주고 재물을 기꺼이 베풀어주는 일이다.

둘째, 애어섭愛語攝은 사람들에게 항상 따뜻한 얼굴로 부드럽게 말을 하는 일이다.

셋째, 이행섭利行攝은 몸으로 하는 행위, 말로 하는 행위, 마음으로 하는 행위, 즉 신身·구口·의意의 3업三業으로 선행을 하여 중생들에게 이익을 주는 일이다.

넷째, 동사섭同事攝은 보살의 동체대비심同體大悲心에 근거를 둔 것으로 중생들에게 접근하여 함께 일하고 생활함으로써 그들을 깨달음으로 인도하는 일이다.

실제로 필자의 도반道伴 가운데 한 사람은 비록 보살지위에 이르렀는지는 알 수 없으나 주변에서 일어나는 모든 일에 대해 거부하는 일이 없다. 모든 인연에 순순히 따른다. 그러므로 얼굴이 밝다. 장자가 말하는 묘고야산의 신선처럼 얼굴이 맑고 투명하여 마치 어린아이와 같다. 매 순간에 감동이 넘친다. 달빛이 하도 좋아서 철야정진을 했다고 말하는 사람이다. 생기가 있다. 온화한 표정에서는 사랑이 넘친다. 매우 의롭다. 주변에서 일어나는 일에도 자신과 무관하다고 여겨 무심히 넘기는 일이 없다. 이런 사람이 있다는 사실만으로도 주변 사람들은 행복을 느낀다. 그러한 사람의 향기는 바람을 거슬러 멀리, 아주 멀리 퍼져나간다. 경제가 어렵다고 느껴지는 이때, 사람들의 마음이 추워지는 이때, 이런 사람들이 조금 더 많아졌으면 하고 바라는 마음 간절하다. 이어지는 본문을 보기로 한다.

"낳았으되 소유하지 아니하고(生而不有)"

세상 사람들은 자신이 무언가를 행해서 결과로 얻어진 산물에 대해 지나치리만큼 자기 소유라는 집착을 한다. 심지어 자식마저도 소유물로 여긴다. 불교에서 본다면 자식은 부모를 인연으로 해서 이 세상에 모습을 드러낸 개별적인 인격체이다. 그렇기 때문에 부모보다 나이는 어리지만 훨씬 큰 도량을 지녔거나 재주를 지닌 자녀가 태어나기도 한다. 하지만 부모는 그렇게 생각하지 않는 데서 늘 불협화음이 생겨난다. 그 소유관념이 때로는 자식의 삶을 망쳐놓기도 한다.

자신이 낳았다고 해서, 혹은 자신이 만들었다고 해서 자신의 소유물은 아니다. 완성되는 순간 이미 그것은 대 우주의 한 개체로 탄생하는 것이다. 엄격한 의미에서 어느 누구도 자신이 직접 무언가를 창조할 수 있는 자는 없다. 자신에게 내재되어 있는 천지우주의 섭리가 이룩한 결과물일 뿐이다. 다시 말해서 진리가 또 다른 진리를 만들어낸 것이다. 우리의 일거수일투족이 모두 진리가 행해지는 과정이요 결과물이다. 만약 자신이 직접 만들어낸 것이라면 만들어진 작품은 언제나 자신의 뜻대로 움직여져야만 한다. 하지만 모든 존재하는 것들 가운데 어떠한 것도, 심지어 목석木石까지도 한 사람의 뜻대로 온전히 좌지우지할 수 있는 것은 없다. 그것은 새로운 개체로 탄생하는 순간 이미 완전한 독립적 가치를 지닌다는 뜻이다. 다시 말해서 만물 평등의 관계가 성립한다는 뜻이기도 하다. 각각 제 자리에서 빛을 발함으로써 자신의 역할을 수행해야 한다는 뜻이다. 그 순간 모든 관계는 소통이라고 하는 우주의 임무를 수행하게 된다. 소통이 되게 하는 것, 그것이야말로 우리 모든 우주의 구성원이 해내야 하는 의무이다. 그리고 소통이 되게 하는 정점에 성인이 있다고 할 수 있다.

성인은 행복이라고 하는 자리에 앉은 사람이다. 이미 상대세계를 초월한 존재란 뜻이다. 그 말은 이미 '나'라는 상相을 여의었다는 뜻이다. 내가 없으므로 나와 마주하는 세계도 없다. 그러므로 하늘을 원망하지 아니하고 남을 탓하지 아니하는 존재이다〔不怨天不尤人〕.

불교에서는 내가 없는 자를 깨달은 자, 즉 부처라고 한다. 부처는 개체로서의 '나'가 없고〔無我〕, 우주 전체가 그의 몸이 아닌 곳이 없다〔無非我〕. 그러므로 내가 무엇을 하는 일은 없다. '내가 무엇을 한다'는 것은 '나'라고 하는 물건이 따로 있어서 '나' 아닌 어떤 것에 영향을 줄 때 비로소 성립된다. 그러나 이미 '나'가 없고, '나' 아님 또한 없는 상태에서는 무엇을 했다는 말 자체가 성립되지 않는다. 따라서 달리 소유할 무엇도 없게 된다. 내 손으로 내 몸을 위해 치장을 했다고 해서 그것을 생색낼 이유가 없는 것과 같은 이치이다. 노자老子가 말하는 성인聖人의 영역이란 이런 것이다.

"행하고서도 (그것에) 기대지 아니하며(爲而不恃)"

상대세계에서 살아가는 우리는 너나 할 것 없이 '나'라는 틀을 소유한 존재들이다. 그러므로 무슨 일을 행하든 내가 무엇을 했다고 하는 기억을 지니게 된다. 하지만 '나'라고 하는 틀을 지니지 않은 성인聖人은 남들의 눈으로 보면 무엇인가를 행하는 것일지라도 정작 성인 본인은 했다는 생각이 없다. 그렇기 때문에 무엇을 행했다고 하는 기억 또한 없다. 자신이 행한 것에 대한 기억이 없으므로 그 행한 것에 대한 기대가 있을 까닭도 없다. 매 순간마다 '지금 바로 여기'라고 하는 찰나의 순간을 살아가는 삶의 연속일 뿐이다. 무엇인가를 기억한다는 것은 이미 지나간 것, 즉 과거를 기억한다는 뜻이다. 상상하는 것 또한 오지 않은 미래를 빌어다 쓰고 있는 것이다. 그러므로 기억이나 상상은 둘 다 진실이라 할 수 없다. '지금 바로 여기'만이 실재實在이다. 실재에 깨어 있는 것, 그것이야말로 성성적적惺惺寂寂이다. 그리고 성성적적한 삶을 사는 사람이 바로 깨달은 자이며 성인이고, 행복의 자리에 서 있는 사람이며 대 자유인이다.

"공을 이루고서도 (그 자리에) 머물지 아니한다. 머물지 아니하기 때문에 (공이) 떠나지 아니한다(功成而弗居 夫唯弗居 是以不去)."

'내'가 무엇을 한 사람은 마음에 그 자취가 남는다. 그것이 바로 중생의 모습이고, 그 마음이 곧 중생심衆生心이다. 그러나 '내'가 없는 성인聖人은 '나'로서 무엇인가를 한 적이 없으므로 마음이 그곳에 머물 까닭이 없다. 말 그대로 『금강경』의 응무소주이생기심(應無所住而生其心, 머무는 바 없이 마음을 내는 것)이다. 다시 말해서 사물이 나타나면 비춰주고 사라지면 본래의 텅 빈 모습으로 돌아가는 거울처럼 마음에 자취를 남기지 않는다는 뜻이다. 이와 관련된 중국 선승의 이야기가 있어 쉬어 가는 의미에서 잠시 전하고 다음으로 넘어가기로 한다.

중국 선종의 제 4대 조사 도신 스님의 두 제자, 도법과 도불 스님이 쌍봉산의 도신을 찾아뵙고자 길을 가다 어느 강가에 이르렀다. 마침 간밤의 폭우로 강물이 불어나 있었는데 한 여인이 강을 건너지 못하고 발만 동동 구르고 있었다. 도불 스님은 도와주고 싶었지만 출가 사문이 여성을 가까이 하면 안 되는지라 그냥 지나치려는데, 도법 스님이 그 여인을 덥석 업어 개울을 건네주었다. 여인은 도법에게 고맙다는 인사를 하고 떠났다. 다시 수 십리 길을 걷다가 도불 스님이 불만이 가득 찬 목소리로 도법스님에게, "아니 스님! 계율에 충실해야 할 출가사문이 어찌 여인을 업어 줄 수 있습니까?" 하고 따졌다. 이에 도법 스님은, "아! 그 여인 말입니까? 나는 강을 건너자마자 분명히 그 여인을 내려놓고 왔는데 스님은 아직도 그 여인을 업고 있습니까?"라고 한마디 할 뿐이었다.

성인의 행적도 이와 같다. 비록 선善을 행하였다고 할지라도 선을 행하였다는 생각조차도 없다. 자신이 행한 어떠한 공로에도 마음이 붙들리지 않으므로 자취가 남아 있을 리 없다는 뜻이다. 그렇게 공功을 이룬 자리에 머물지 않기 때문에 오히려 그 공이 떠날 일도 없다는 것이다. 애써 그곳에 상相을 내어 집착하며 지키려는 사람에게서는 공이 떠날 수 있지만, 공을 이루었다는 생각이 없는 사람에게서는 오히려 그 공이 떠나가지 않는다는 점이다.

가령, 누군가가 어떤 사업을 벌여 100억쯤 이익을 냈다고 해보자. 그 사람이 보통 사람인 경우는 자신이 100억의 돈을 벌었다는 것과 그것이 자신의 소유임을 분명히 기억하고 있다. 그런데 어느 날 사기꾼을 만나 모두 털리게 되면 더 이상 그에게 남아 있는 돈은 없다. 그렇게 되었을 때 돈을 도둑맞은 대개의 경우는 화병이 나서 드러눕고 만다. 엄청난 손해를 보았다는 생각에 견디기조차 힘들게 된다. 가볍게 잊어버리기엔 너무나 많은 돈을 잃은 탓이다.

그러나 만약 성인의 경우라면 어떻겠는가. 성인은 그저 자신의 몫을 살아냈을 뿐인데 100억이란 돈이 모이게 되었다. 비록 100억이란 거액이 생겼지만 성인은 그 돈을 소유하지 않는다.

이 말은 성인이 자신에게 들어온 돈을 누구에겐가 주어서 통장에 잔고가 없다는 뜻이 아니다. 통장에 들어 있는 돈이 성인의 것이란 생각이 없다는 뜻이다. 그러므로 누군가에게 그 돈을 털렸다고 해서 잃어버렸다는 생각 또한 없다. 애초부터 소유한 적이 없으므로 잃어버릴 것도 없다는 뜻이다. 다만 돈이 이곳(성인)에서 저곳(다른 사람)으로 자리를 옮겼을 뿐이다. 그러므로 그 사건으로 인해 가슴앓이 하거나 드러누울 일 또한 없다. 성인에게 있어서 도둑맞은 돈이란 마치 자신의 오른쪽 주머니에서 왼쪽 주머니로 옮겨간 것이기 때문이다. 어차피 나와 남이 없는, 그래서 전체를 자신의 몸으로 인식하는 성인에게는 애초에 사유물이라 여겨 집착할 아무것도 없다는 뜻이다.

2장의 일반적인 풀이: 상대세계를 넘어

세상 사람들은 모두
아름다움이 아름다움인 줄 알지만
그것은 악일 뿐이고,
세상 사람들은 모두
착한 것이 착하다고 알고 있지만
그것은 불선不善일 뿐이다.

그러므로

유무有無가 서로를 낳고,

쉬운 것과 어려운 것이 서로를 이루며,

긴 것과 짧은 것이 서로 견주고,

높고 낮은 것이 서로를 (저울질하여) 기울이며,

내는 소리와 들리는 소리가 서로 어울리고,

앞과 뒤가 서로를 따른다.

그러므로 성인은

무위無爲의 일에 처하고,

말없는 가르침을 베풀며,

오고가는 모든 일을 거부하지 아니하며,

낳았으되 소유하지 아니하고,

행하고서도 (그것에) 기대지 아니하며,

공을 이루고서도 (그 자리에) 머물지 아니한다.

머물지 않기 때문에 (공덕이) 떠나지 아니한다.

2장의 불교적인 풀이: 모든 상相을 떠나서

중생들이 분별로써 아름답다고 하는 것은

분별하는 그 자체로 이미 악이며,

중생들이 분별하여 착하다고 하는 것 또한
분별하는 그 자체로 악일 뿐이다.
그러므로 분별하여 '있다'고 말하는 순간
그것은 '없다'를 기대어 생겨난 것이며,
쉬운 것은 어려운 것을 의지하여 생겨나고.
긴 것은 짧은 것을 기대어 견주며,
높은 것은 낮은 것을 의지하여 가늠되며,
내는 소리는 들리는 소리와 기대어 어울리고,
앞은 뒤를 의지하여 생겨난다.
따라서 부처님은
무아로서 무위의 삶을 살고,
말없는 가르침을 베풀며,
오고가는 모든 인연에 순순히 따르고,
낳았다 하여 소유하려 아니하며,
행하고도 그것에 기대지 아니하고,
일을 해내고도 해냈다는 생각에 머물지 아니한다.
머물지 않기 때문에 오히려 허망할 이유 또한 없다.

행복이란… 자연이 되는 것

제3장 성인의 다스림은

不尙賢使民不爭(불상현사민부쟁): 어진(잘난) 사람을 받들지 말아서 사람들로 하여금 다투지 않게 해야 하며,

不貴難得之貨使民不爲盜(불귀난득지화사민불위도): 얻기 어려운 물건을 귀하게 여기지 말아서 사람들로 하여금 도둑질하지 않게 해야 하고,

不見可欲使民心不亂(불견가욕사민심불란): 욕심낼 수 있는 것을 드러내지 말아서 사람들로 하여금 마음이 어지럽혀지지 않도록 해야 한다.

是以聖人之治(시이성인지치): 그러므로 성인의 다스림은

虛其心實其腹(허기심실기복): (사람들이) 그 마음(에고)을 비우고 배는 든든하게 하며,

弱其志强其骨(약기지강기골): 의지(자아)는 약하게 하고 뼈대(근본)는 강하게 한다.

常使民無知無欲(상사민무지무욕): 항상 사람들로 하여금 앎도 추구하지 말고, 욕망도 일어나지 않게 하며,

使夫知者不敢爲也(사부지자불감위야): 아는 체하는 사람들이 감히 함부로 (앎이라고 하는 有爲法으로써) 행하지 못하게 한다.

爲無爲則無不治(위무위즉무불치): 의도함이 없이 행하게 되면 다스려지지 않음도 없게 된다.

성인은 우주의 섭리와 하나된 자이다. 그러므로 우주의 마음으로 우주의 마음과 소통되는 사람이다. 나와 너로 나누어 살아가는 것이 아니라 나 아님이 없는 사람이다. 전체 우주 그 자체가 성인의 몸 아님이 없다는 뜻이다. '나'라고 하는 틀이 없기 때문에 모든 만물과 소통하는 존재이다.

우주의 실상은 빛이고 생명이다. 빛은 곧 사랑이며 지혜이다. 그뿐만 아니라 우주는 넘치는 생명력으로 충만하므로 그 실상實相을 무한한 생명력이란 뜻에서 '무량수'라고도 부른다. 이 세상을 똑같이 살아내지만 유독 사랑이 많은 사람이 밝게 빛나며 생기가 넘치고 웃음이 가득한 이유는 그 때문이다. 생명의 실상 그 자체가 바로 즐거움이기도 하기 때문이다. 그래서 불교에서는 실상을 살아내는 삶을 극락(極樂; 지극한 즐거움)으로 표현하

기도 한다. 극락에는 영원한 생명과 빛을 상징하는 아미타불이 계신다. 아미타불은 지금 이 순간에도 계속 법문을 하고 계신다. 그 법문의 핵심은 "사랑하라!"이다. 지극한 사랑 하나면 통하지 않음이 없는 것도 그 때문이다. 그 사랑이라는 생명력을 다른 이름으로 부를 것 같으면 '관세음보살'이고, 헤아릴 수 없는 광휘를 다른 이름으로 부를 것 같으면 '대세지보살'이다. 관세음보살과 대세지보살은 아미타불의 좌우보처이다. 둘은 둘이면서 하나이고 하나이면서 둘이다. 자비와 지혜, 즉 사랑으로 표현되는 생명력과 지혜로 표현되는 빛이 바로 아미타불의 공덕이란 뜻이다. 그 아미타불은 곧 우리들의 고향이며 본성이다. 우리 내면에서 한 번도 떠나본 적이 없는 자성불(自性佛; 내면에 들어 있는 부처)이며 진리이다. 완전하고 온전하고 소통되고 순조로운, 바로 그 실상이며 실재實在이다. 그렇기 때문에 진리와 하나된 상태를 '행복'이라 부르는 것이다.

따라서 지혜와 자비는 둘이면서 하나라고 한 것이다. 우리들 본성을 표현하는 두 이름일 뿐이다. 내면 깊이 들어갈수록, 다시 말해서 우주의 마음인 본성에 가까이 접근할수록 지혜의 광휘가 발현된다. 사랑이 깊으면 삶의 지혜가 저절로 녹아 나오는 것도 그 때문이다. 실재는 하나이기 때문이다. 그 실재를 실상 혹은 진리라고 하는 것이다. 절대선이라고도 한다. 공자는 사람에게 들어와 있는 우주의 실상인 생명력, 곧 사랑을 인(仁; 사랑)이라고 하였고, 인仁은 대적할 것이 없다고 하였다(인자무적). 제 아무리 강력한 힘을 지닌 존재라 하여도 우주의 실상을 이겨낼 수 있는 존재는 없기 때문이다. 반면에 맹자는 그 강력하고 굳세며 천지에 꽉 차 있는 생명력을 '호연지기'라고 하였다.

그래서 성인, 즉 완성된 각자覺者는 실상이 곧 사랑에너지이므로, 오직 사랑만이 모두를 행복으로 이끌어준다는 사실을 알기에 한결같이 "사랑하라!"고 외친다. 또한 성인은 아무리 사랑하라고 외쳐도 사람들은 알아듣지 못한다는 사실을 너무나 잘 알고 있는 존재이다. 그래서 그 옛날 성인은 실제로 음악을 만들어 일반 사람들의 정서가 순화되도록 힘쓰기도 하였다. 그렇다고 해서 성인이 의도적으로 중생들의 마음을 제어하려고 하는 존재란 뜻은 아니다.

노자나 장자가 말하는 성인은 천지와 하나되어 세상 밖에서 노닐지만, 누구든 그를 만나면 무장해제가 되게 하는 존재이다. 세상 밖에서 노닌다는 것은 이 세상의 가치개념을 떠나서 살아간다는 의미이다. 가치세계는 나와 너로 나뉜 상대세계의 일이므로 일반 사람들의 영역이다. 자신의 이익을 위해 투쟁하는 사람들, 즉 중생심으로 살아가는 사람들의 영역이다. 대부분의 일반 사람들은 모든 것에 기준을 정해놓고 그것을 목표로 살아간다. 가령, 훌륭한 사람이나 값진 보석 같은 것을 포함하여 쟁취할 만한 가치가 있다고 여기게 만든 모든 것이 목표가 된다. 그러나 그 가치를 목표로 살아가는 사람이 진정 행복한 삶의 주인공일 수 있느냐가 문제이다. 오히려 행복은 사람들이 정해놓은 가치를 떠나 내면의 신성神性에 맡겼을 때 저절로 찾아지는 것이다. 제3장은 그것을 깨우치고자 하는 성인의 가르침이라 할 수 있다. 본문으로 들어가 보기로 한다.

"어진(잘난) 사람을 받들지 말아서 사람들로 하여금 다투지 않게 해야 하며(不尙賢使民不爭)"

노자와 장자가 가장 경계한 것은 사물에 가치를 매김으로써 차별하는 일이다. 무엇이 더 낫고 무엇이 더 못한 게 없이 만물은 그 자체로 완전하다는 것이 노자와 장자의 생각이다. 하지만 우리가 사는 세상에는 온갖 가치가 존재한다. 사람들은 그 가치를 놓고 어느 것, 혹은 누가 더 나은지를 끊임없이 헤아리고 재며 살아간다.

노자가 여기서 표현한 어진 사람 또한 남들보다 낫다고 가치를 매긴 존재이다. 재주가 좀 있거나 아는 것이 많다 하여 잘난 척하는 사람들을 말한다. 시대별로 그 잘난 체하는 사람들의 모습은 다르게 나타난다.

필자의 어린 시절만 하더라도 돈만 많아서는 그리 존경받을 수 없었다. 오히려 학식이 풍부하고 인격을 갖춘 사람이 존경을 받았다. 그리고 그런 사람에게는 항상 마을 사람들이 찾아가서 각자의 크고 작은 일들을 의논하곤 하였다.

그러나 요즘은 돈을 잘 버는 재주를 가장 높이 산다. 그러므로 돈을 많이 벌고 있는 사람을 보면 대중매체에서 앞을 다투어 기사화한다. 그러면 많은 사람들이 그들을 부러워하는 한편 자신들도 돈을 잘 버는 사람이 되고자 노력한다. 이것이 바로 사람들을 투쟁으로 몰아넣는 주범이 된다. 그러므로 노자는 재주 있는 사람을 높이지 말아서 사람들로 하여금 그 재주를 부리려고 다투지 않도록 하라고 당부하고 있다.

다시 한 번 말하지만 노자나 장자가 하고 싶은 말은 세상에 존재하는 모든 것은 그 자체로 귀하다고 하는, 즉 불교의 일미평등一味平等의 입장을 견지하고 있다고 할 수 있다. 따라서 잘났다고 하여 그를 높이게 되면 이미 평등에서 벗어나게 되어 차별이 생긴다는 의미이다. 그러한 차별은 결국 좋고 나쁘거나 우월하고 열등함, 옳고 그름으로 분별하는 상대세계로 추락하게 된다는 뜻이다. 따라서 노자나 장자, 불교의 입장은 모두를 절대가치를 지닌 평등한 존재로 인식하여 '우리'라고 하는 크고 넓은 사유의 세계에서 살자는 뜻이다.

필자가 만났던 어떤 스님은 '이 몸 그대로 신들의 놀이마당이 되게 하는 것'을 소요유逍遙遊라고 표현하셨는데 그 말씀이 참으로 옳다고 본다. '나'가 아닌 지극히 깊고 넓고 높은 데 이르렀을 때 비로소 나타나는 신의 영역. 그렇게 되면 이 몸 그대로 자연이면서 도道이고 진리인 셈이다. 그리고 그 경지에 올랐을 때 비로소 신神과 나는 하나로 만나는 것이다. 그러면 내가 곧 부처이며 진리이고, 사랑이며 생명 그 자체인 행복인이 된다는 뜻이다.

마침 소요逍遙에 대한 말이 나온 김에 사물의 효용성에 대한 『장자』「소요유」편 한 대목을 소개하고 넘어가기로 한다.

> 혜자가 장자에게 말했다. "나에게 큰 나무가 있는데 사람들은 그 나무를 가죽나무라 하더군. 그 큰 줄기는 울퉁불퉁해서 먹줄을 칠 수가 없고 그 잔 가지는 꼬여서 자를 댈 수조차 없네. (그래서) 길옆에 서 있어도 목수가 거들떠보지도 않는다네. 지금 자네(장자)의 말도 크기만 하고 쓸모가 없으니 뭇 사람들이 다 따르지 않는 것이네." (이 말을 들은) 장자가 말하였다. "자네는 살쾡이를 보지 않았는가. 몸을 낮추고 엎드려서 노니는 짐승들을 기다렸다가, 사냥하기 위해 동쪽 서쪽으로 뛰면서 높고 낮은 곳을 가리지 않다가 (결국은) 덫에 걸리기도 하고 그물에 걸려 죽기도 한다네. 지금 털이 긴 소 한 마리가 있는데 그 크기가 하늘에 드리운 구름 같다네. 이 소는 큰 일은 할 수 있지만 쥐는 잡지 못한다네. 지금 자네는 큰 나무가 있어도 그것이 쓸모가 없다고 걱정만 하고 있군. 어찌 아무것도 없는 드넓은 들판에 심어놓고, 그 곁에서 한가로이 거닐고 그 아래에서 여유

롭게 누워 자보지는 못하오. 도끼에 잘릴 염려도 없고 해칠 자도 없을 텐데 어찌 쓸모가 없다고 괴로워한단 말이오."

*해설 사람들의 생각은 대체로 정형화되어 있는 경우가 많다. 그렇기 때문에 어떤 것의 가치에 초점이 맞추어지면 그 가치만 생각한다. 나무는 재목으로 쓰이기 위함이라 여기면 재목이 될 수 없는 나무는 쓸모가 없게 된다. 공부를 하는 이유가 돈을 잘 버는 데 있다고 생각하는 사람에게는 돈을 못 버는 공부는 의미가 없다. 아름다움에 초점이 맞추어진 사람은 목숨을 담보로 해서라도 예뻐져야 한다. 그러나 한 생각을 바꾸면 쓸모없게 여겨졌던 것이 돌연 기가 막힌 보배로 둔갑한다.

"얻기 어려운 물건을 귀하게 여기지 말아서 사람들로 하여금 도둑질하지 않게 해야 하고(不貴難得之貨使民不爲盜)"

옛날에는 비취로 만든 반지가 무진장 귀했다고 들었다. 하지만 언젠가부터 옥 광산 개발이 활기를 띠면서 비취는 비교적 흔하고 값도 저렴한 보석이 되었다. 마찬가지로 만약 다이아몬드가 지천에 널려 있다고 한다면 지금처럼 누구나 탐을 내는 보석이 될 수 없을 것이다. 당연히 밖에 나가면 발에 채이는 돌을 훔치려드는 사람도 사라질 것이다. 사실 엄격히 따지고 보면 다이 이른드나 금은 모두 심신을 유지하는 데 꼭 필요한 것들이 아니다. 그런데도 그것들에 가치를 매겨놓았기 때문에 사람들이 현혹되고, 심지어 훔치려는 강도까지 생겨난다. 그러므로 귀하다거나 비싸다고 가치를 매겨놓은 모든 것들을 일상으로 돌려놓는다면 사람들 또한 그것 때문에 현혹되지 않을 것이다.

그러나 현실적으로 이미 가치를 매겨놓은 것들을 일상으로 되돌리는 일은 천지가 개벽을 하는 것만큼 어려울지도 모른다. 차라리 그것이 귀하다고 여기는 우리들의 인식을 바꾸는 것이 더 쉬울 것이다. 애초에 빈손으로 왔고, 또 빈손으로 돌아갈 것이 틀림없다는 사실을 우리는 너무나 잘 알고 있다. 탐욕이 부르는 화禍도 우리 모두 잘 알고 있는 사실이다. 고려시대 나옹선사의 게송 한 소절이 생각나 여기에 옮겨본다.

청산은 나를 보고 말없이 살라 하고
창공은 나를 보고 티 없이 살라 하네.
사랑도 벗어놓고 미움도 벗어놓고
물같이 바람같이 살다가 가라 하네.

"욕심낼 수 있는 것을 드러내지 말아서 사람들로 하여금 마음이 어지럽혀지지 않도록 해야 한다(不見可欲使民心不亂)."

마음을 어지럽히는 것 가운데 아마 여색만한 것도 없으리라 생각한다. 보석이나 돈과 같은 물질로 한 나라의 지도자를 유혹하여 나라를 정복했다는 이야기는 들어본 기억이 없다. 하지만 역사상, 혹은 주변에서조차도 미인 한 사람이 나라의 흥망과 가정의 행불행을 갈라놓는 경우는 종종 듣는다. 그 이유는 무엇일까?

여러 가지 이유가 있겠으나 필자가 곰곰이 생각한 끝에 내린 결론은 결국 사랑에 대한 목마름이 아닐까 생각된다. 한 나라를 책임지는 황제(임금, 대통령)나 전장에 나가 있는 장수, 그리고 가장에 이르기까지 모두 외로운 존재들이다. 어깨에 얹은 짐이 무거울수록 스트레스가 클 것이고, 외로움도 그것에 비례할 것이다. 물론 그 지위를 전혀 부담스럽게 느끼지 않을 만큼의 대인인 동시에 그 무게마저 즐기는 수준에 이른 사람이라면 별개이다. 그들은 내면적으로 충만한 삶을 충분히 살아낼 것이기 때문이다. 하지만 중생은 너 나 할 것 없이 사랑으로 충만한 삶을 살지 못하게 마련이다. '나'라고 하는 틀, 즉 에고가 강하면 강할수록 그것에 비례해서 외로움도 크기 마련이다. 아무리 우주에 사랑의 에너지가 충만하다고 할지라도 에고가 강한 만큼 소통을 가로막는 벽도 클 수밖에 없기 때문이다.

에고가 강한 이유는 말할 것도 없이 무지에서 비롯한다. 지혜가 밝지 못하기 때문에 자신의 몸과 정신이 독립적으로 존재한다고 믿는다는 뜻이다. 어차피 물질이나 정신은 한 곳에 붙들려 있을 수 없는 것들이며, 한 순간도 쉬지 않고 진동하며 순환한다. 그러므로 방금 전까지 이것이던 것들도 순식간에 저것으로 변할 수 있는 게 물질이란 뜻이다. 정신은 더욱 진동의 폭이 심하다. 잠시 잠깐 사이에 태양계를 떠났다가 금세 돌아올 수 있는 것이 정신이기 때문이다.

그러나 제아무리 에고가 강하다고 하여도 우주의 본질, 즉 생명의 실상을 벗어나 존재하는 것은 아무도 없다. 그러므로 한 순간도 쉬지 않고 속삭이는 우주의 메시지인, "사랑하라!"는 모든 존재를 향해 메아리친다. 또한 우주에 존재하는 한 모든 존재는 그 명령을 받들 수밖에 없다. 그것이 어떠한 방식으로든 사랑이라는 행위로 표현된다는 뜻이다. 더욱이 정복욕이 강한 경우는 승부근성까지 가세를 하게 된다. 말하자면 사랑이 왜곡되어 표현된다는 뜻이다. 비약이라 할 수도 있겠지만 포르노와 같은 음란물에 욕망이 충동적으로 일어나는 경우도 위와 같은 맥락이라고 필자는 이해하고 있다. 따라서 마음을 어지럽게 할 수 있는 것들은 최대한의 잠금 장치가 필요하다는 뜻이다. 그 잠금 장치가 바로 무명無明을 벗는 일이다. 즉 중생심의 뿌리를 캐는 일이란 뜻이다.

다시 말해서 첫 번째 행부터 세 번째 행까지의 핵심은 중생심衆生心이 일어나지 않도록 단속하라는 뜻이다. 노자는 중생심이 바로 서로 다투게 하는 뿌리라는 점을 지적하고 있다. 각자의 순수

본성, 즉 자성불(각각의 내면에 들어 있는 부처라고 불리는 빛)에 덧씌워진 프로그램으로 인해 중생들은 저마다 잘나고 싶어한다. 그로 인해 필요하지도 않은 진귀한 것들을 취하고 싶어한다. 또 정복이라는 방식조차 마다하지 않고 음욕을 발동시키기도 한다. 그 프로그램을 불교에서는 업業이라 하고 공자는 습習이라 하였다.

"그러므로 성인이 다스리면 (사람들이) 그 마음(에고)을 비우고 배는 든든하게 하며(是以聖人之治 虛其心實其腹)"

성인이 다스리는 방법, 즉 부처님이 중생을 제도하는 방법은 간단하다. 아상我相으로부터 벗어나게 하는 일이다. 에고를 벗어버리고 순수 자성불이 빛을 발하도록 하는 일이다. 배를 실하게 한다는 뜻은 배부르게 하라는 뜻이다. 굶주리지 않게 하란 뜻이기도 하다. 허기지지 않게 하란 뜻이다. 중생들은 허기지면 곧 그것을 채우려 한다. 속이 허해서 폭식증도 탐심도 왜곡된 사랑도 나타난다. 모든 집착은 내면의 충만이란 이름 앞에선 무의미하다.

노자가 말하는 배 또한 그 의미이다. 중심을 잘 잡도록 한다는 뜻이다. 중심이란 바로 내면이다. 내면이 충실한 사람을 우리는 내공이 있다고 한다. 내공이 없는 사람은 허虛하다. 허하므로 밖으로 뭔가를 찾아 헤매게 된다. 그러므로 자신의 내면을 강건하게 하여 중심을 바로 세우되 마음, 즉 이기심이라고 하는 세간은 모두 버려 텅 비우도록 하는 것, 마음이 가난한 사람으로 완성되게 하는 것이라 할 수 있다.

"의지(자아)는 약하게 하고 뼈대(근본)는 강하게 한다(弱其志强其骨)."

사람은 뼈라고 하는 골격과 살로 몸을 구성한다. 이 말은 근본은 뼈대이나 거기에 살을 붙여서 살아간다는 뜻이다. 그러므로 근본은 강하게, 튼실하게 하고 지엽은 약하게 하라는 뜻이다.

중생에게 있어서 근본은 본성, 즉 자성불이다. 지엽은 본성을 가리는 이기적인 에고이며 탐심이다. 그러므로 뜻을 약하게 한다는 말은 욕심내는 것을 약하게 한다는 뜻이다. 불교로 말하면 행行을 약하게 하라는 뜻이다. 행이 바로 업으로 연결되기 때문이다. 몸과 입과 뜻으로 지어 가는 모든 행을 약하게 하라는 뜻이기도 하다. 중생의 모든 업은 욕망에서 비롯된 것이다. 그러므로 독毒이라 표현한다. 독이라 표현하는 이유는 우리의 본성을 드러낼 수 없게 만들기 때문이다. 본성이 발현되지 못하면 세상은 다툼의 장으로 돌변한다. 본성은 조화와 균형을 추구하고 모두가 사는 길을 찾아내지만, 독이 되는 세 가지(탐심, 진심, 치심)는 저 하나만 잘 먹고 잘 사는 길을 지향한다. 욕심을 부리는 순간 본성이라고 하는 지혜가 빛을 잃게 된다. 진심瞋心, 즉 화를 내는 순간 자성불의 빛이 숨어버린다. 이 모든 것이 일어나는 뿌리는 물론 어리석음이다. 어리석음을 치심癡心이라 한다. 그 셋을 묶어서 탐진치라 부른다. 따라서 이 셋을 약하게 하라는 말은 그 셋을 잘 살펴서 삼독심의 세력이 사라지도록 하라는 뜻이다. 또한 뼈대, 즉 근본을 강하게 하라는 것은 본성, 즉 자성불自性佛을 드러나게 하라는 뜻이다. 삼독심이 사라지면 본성인 내면의 부처, 즉 광휘는 저절로 그 빛을 발하게 된다.

"항상 사람들로 하여금 앎도 추구하지 말고, 욕망도 일어나지 않게 하며(常使民無知無欲)"

항상 중생들로 하여금 앎에서 자유로워지라고 가르친다. 앎은 분별이기 때문이다. 또한 뭔가를 하려고 짐짓 의도하지도 말라고 가르친다. 지식, 즉 앎(분별망상)이란 것은 바로 사념의 덩어리이고, 사념이란 바로 나라고 하는 아상我相의 산물이기 때문이다. 뭔가를 알려는 생각이 일어나는 즉시 '나'가 생겨나기 때문이다. 욕망도 역시 마찬가지다.

기독교에서는 하느님을 의지의 하느님이라고 한다. 이 우주의 마음이 곧바로 하나의 의지이며 생명이라는 뜻이다. 그렇다면 기독교에서 말하는 의지와 불교에서 부정하는 욕欲은 어떤 차이가 있을까? 그에 대한 답은 명료하다. 불교에서 부정하는 욕欲, 즉 뭔가를 하려고 의도하는 일은 '나'에서 비롯된 것이고, 그 나의 뿌리는 업業이다. 그러나 업조차도 실은 우주의 실상, 생명의 실상인 생명력과 빛의 공덕이 없으면 설 자리조차 없다. 그렇기 때문에 중생이 곧 부처라고 하는 것이고, 번뇌가 곧 보리라 하는 것이다. 이에 대한 구체적인 설명은 "불교의 행복론"을 쓰면서 다루기로 하고 여기서는 일단 기독교에서 말하는 의지의 하느님만 설명하고 넘어가려고 한다.

하느님이면서 의지이고, 빛이면서 생명이며 길인 동시에 진리인 것은 불교로 말하면 온갖 불보살의 공덕을 의미한다. 그때의 의지는 노자가 버리라는 욕欲이 아니다. 모든 분별과 의도를 버리고 났을 때 비로소 오롯이 드러나는 것, 그것이 바로 하느님의 의지이다. 모든 분별망상을 떠났을 때 참 사유〔正思惟〕가 드러나는 것과 같은 이치이다. 정사유란 개체적인 생각이 아니라 전체를 아우르는 생각이며 저절로 조화와 균형을 찾아가는 생각이다. 조화와 균형이야말로 행복의 또 다른 이름이고, 소통의 결과물이다. 우리가 수행을 한다는 것, 다시 말해서 명상을 통해서 이르고자 하는 선禪, 즉 노자와 장자가 말하는 자연의 세계 역시 소통의 또 다른 이름에 지나지 않는다. 소통은 모든 것들과의 감응이며 공명共鳴이다.

“아는 체하는 사람들이 감히 함부로 (앎이라고 하는 유위법으로써) 행하지 못하게 한다(使夫知者不敢爲也).”

지자知者는 중생세계에서 분별하여 안다고 하는 사람을 말한다. 그러한 사람들이 행하는 방법을 유위법有爲法이라 한다. 반면에 중생들의 한계를 뛰어넘어 모든 것을 통찰하는 안목으로 행하는 방법을 무위법無爲法이라 한다. 전자는 상대세계, 즉 가치개념으로 움직이는 세상에서 행하는 모든 다스림이다. 후자는 절대세계, 즉 가치개념을 떠나 모든 것이 한 생명인 세상에서 행하는 다스림이다. 그러므로 지자가 감히 행하지 못하게 한다는 것은 그들이 전체를 아울러 소통시키지 못하기 때문이다. 제아무리 똑똑하다고 해도 중생들 세계에서 분별하는 지식은 한 쪽에선 옳고 또 다른 한 쪽에선 틀릴 수 있다. 마치 오사마 빈 라덴이 아랍권에서는 영웅이지만 미국의 입장에선 테러리스트인 것과 같은 이치이다. 그것이 바로 중생들의 앎의 한계이다. 따라서 모든 지자知者들이 분별 망상을 쉬게 하는 것, 그것이 유위법을 멈추게 하는 방법이란 뜻이다. 그리고 그것이 모든 것을 자연으로 되돌리는, 즉 저절로 돌아가게 하는 길이란 뜻이다.

“의도함이 없이 행하게 되면 다스려지지 않음도 없게 된다(爲無爲則無不治).”

의도함이 없이 행한다는 것은 무위법無爲法으로 행한다는 뜻이다. '나'라고 하는 앎으로 모든 것을 판단하는 것이 아니라 '무아'로 돌아가 진리를 행한다는 뜻이다. 다시 말해서 업業에 의한 소리를 듣고 행하는 것이 아니라 내면 깊숙이 자리한 자성불의 소리를 듣고 행한다는 뜻이다. 그것은 곧 진리를 행한다는 뜻이며 자연, 혹은 혼돈으로 돌아간다는 뜻이다. 혼돈의 삶을 사는 사람은 성인이다. 성인이 다스린다는 말은 곧 진리가 구현되도록 한다는 뜻이다. 모든 사람들의 이기심을 항복 받고 본성이 감응하도록 한다는 뜻이기도 하다. 본성, 즉 자성불 안에서는 너와 내가 없다. 너와 내가 없으므로 누구 하나를 위한 다스림이 아니라 모두를 위한 다스림이다. 따라서 모두가 평안을 얻는 길이며 모두가 기쁨을 얻는 길이다. 그러므로 다스려지지 않음이 없게 된다는 뜻이다. 잠시 쉬어가기로 한다.

옛날 중국 북쪽 변방에 점을 잘 치는 노인이 아들과 함께 살았다고 한다. 그 노인에게는 말이 한 필 있었는데 어느 날 그 말이 국경을 넘어 오랑캐 땅으로 가버렸다. 동네 사람들이 몰려와 상심이 클 것이라 여겨 그 노인을 위로하였다. 하지만 노인은 별 슬픈 기색이 없었다. 그뿐 아니라 오히려 "지금 말을 잃어버린 화禍가 내일의 복福이 될지 어찌 알겠는가?" 하였다. 그리고 얼마간의 세월이 흘렀다. 사실 그 노인은 도망간 말 때문에 점을 쳤는데, 지금의 화가 오히려 복이 된다는 점괘를 읽었다. 과연 그 노인의 말대로 지난 번 국경을 넘어 도망갔던 말이 오히려 훌륭한 말 한 마리를 데리고 집으로 돌아왔다. 이번에는 동네 사람들이 노인에게 몰려와서 다들 축하를 해 주었다. 그러나 이번에도 노인은 별로 기뻐하는 기색이 없었다. 오히려 담담하게, "오늘의 복福이 내일의 화가 될지 어찌 알겠는가?" 하였다.

어느 날 유독 말타기를 좋아하던 노인의 외동아들이 새로 온 말을 타고 달리다가 말에서 떨어져 그만 다리가 부러지고 말았다. 그 때문에 아들은 다리 병신이 되었다. 역시 동네 사람들이 몰려와 노인을 위로하였다. 하지만 이번에도 노인은 별 감정의 변화를 보이지 않았다. 그저 담담하게 "지금 슬픈 일이 내일의 기쁜 일이 될지 어찌 알겠소?" 하였다.

그로부터 1년여가 지났고, 어느 날 오랑캐가 침입하였다. 마을 청년들은 모두 징집되어 전쟁터로 나갔다. 전쟁에 참여한 젊은 이들은 거의 모두 죽었다. 하지만 다리 병신이 된 노인의 아들은 전쟁터에 나가지 않았기 때문에 무사할 수 있었다. 이로부터 유래한 말이 바로 '인간만사 새옹지마'이다. 새옹塞翁이란 변방 늙은이란 뜻이고, 새옹지마塞翁之馬란 변방 늙은이의 말이란 뜻이다.

*해설 현재 너무나 큰 불행이 닥쳤다고 하여 그것이 과연 진짜 불행인지 아니면 전화위복이 될지 사람이 어찌 한 치 앞을 알 수 있겠느냐는 말이다. 실제로 주변을 돌아보면 원하던 대학에 못 간 덕분에 더욱 잘 풀려진 경우도 있고, 다니던 회사에서 해고된 바람에 오히려 인생역전이 되는 경우도 종종 있다. 어찌 우리가 하늘의 뜻을 알겠는가.

3장의 일반적인 풀이: 성인의 다스림은

잘난 사람을 받들지 않으면
사람들 사이에 다투는 일이 없어지며,
얻기 어려운 물건을 귀히 여기지 아니하면
사람들이 도둑질하지 않게 되고,
욕심낼 만한 것을 드러내지 않으면
사람들 마음이 혼란스럽지 않게 된다.
그러므로 성인의 다스림은
사람들로 하여금 마음의 에고를 비우고
참 나를 기르는 데 힘쓰게 하며,
의지(자아)는 약하게 하고
뼈대(근본)는 강하게 하며,

늘 사람들로 하여금 앎도 추구하지 않고,
욕망도 일어나지 않게 하며,
아는 체하는 사람들이
감히 함부로 행하지 못하게 한다.
진리를 따라 행할 것 같으면
다스려지지 않음이 없다.

3장의 불교적인 풀이: 부처님의 중생제도는

잘난 사람을 높이지 않으면
중생들의 경쟁심이 사라지며,
얻기 어려운 재화를 귀하다 아니하면
중생들의 탐심이 사라지고,
욕망을 일으킬 만한 것을 드러내지 않으면
중생들의 마음이 고요할 수 있다.
그러므로 부처님의 중생제도는
객(업)을 떨쳐내고
삶의 실제 주인공으로 살게끔 이끌고,
아상我相은 내려놓고
자성불自性佛은 빛나게 하며,

언제나 중생들로 하여금

분별도 내려놓고 지음(行)도 없게 하여,

선지식인 척하는 중생들이

유위법有爲法을 행하지 못하게 한다.

무위법無爲法으로 제도하면

소통되지 않음이 없는 까닭에.

행복이란… 소통

제4장 빛과 어울리어 먼지와도 하나되네

道沖而用之 或不盈(도충이용지혹불영): 진리는 비어 있지만 (아무리) 사용해도 넘치지 않으니,

淵兮似萬物之宗(연혜사만물지종): 깊음이여! 만물의 근원인 듯하구나!

挫其銳解其紛(좌기예해기분): 날카로움을 무디게 하고 얽힌 것은 풀어주니,

和其光同其塵(화기광동기진): 빛과 어울리어 먼지와도 하나되네.

湛兮似或存(담혜사혹존): 맑음이여! 아마도 (뭔가) 있는 것 같기는 한데,

吾不知誰之子(오부지수지자): 나는 (진리가) 누구의 자식인지는 몰라도,

象帝之先(상제지선): (아마도) 상제보다 먼저일 것이다.

앞에서 금타대화상이 용수보살의 『보리심론』을 토대로 정리한 「보리방편문」을 소개하였다. 그 내용은 불교에서 부처라고 부르는 생명의 실상에 대한 것이다. 다시 한 번 대략을 정리해보면 다음과 같다.

부처라고 하는 실상實相, 즉 진리는 허공처럼 텅 비어서 어떠한 티끌이나 구름 한 점 없는 청정법신불의 세계이다. 하지만 그 허공 같은 세계가 허무하여 실제로 텅 비어 아무것도 없는 세계란 뜻은 아니다. 오히려 해와 달보다도 더 밝은 금색광명의 생명력과 빛으로 충만한 원만공덕 보신불의 세계이다. 또한 그렇게 불성광명이라 할 수 있는 생명력이 충만한 공덕장이 모습을 드러낸 것이 바로 삼천대천세계의 만물이요 만상萬象이다. 즉 화신불의 세계란 뜻이다.

다시 말해서 공덕장이라고 할 수 있는, 즉 모든 것을 가능하게 하고 모든 것으로 모습을 드러내는 그 진리로서의 진여실상은 텅 비어 있지만 온갖 만물과 온갖 모습으로 드러난다. 아무리 많은 것들이 그곳에서 나온다고 하여도 진리의 세계는 '부증불감'이므로 줄어들거나 넘치는 일은 없다. 진리는 아무리 '개체' 안에 가득 채워도 넘치는 게 아니라 진리와 하나가 될 뿐이다. 하나가 되면 비로소 완전해지는 것이고, 완전해졌다는 말은 어느 곳도 걸림이 없이 온전히 소통된다는 뜻이다. 그리고 완전한 소통이야말로 진정한 자아실현이고 완성이며 지극히 복된 것이라 할 수 있다. 그 지복至福의 자리에 이른 자를 성인, 즉 붓다라고 한다. 그 행복의 자리인 진리에 대하여 설명하고 있는 것이 바로 『노자』 4장의 내용이다. 본문으로 들어가 보기로 한다.

"진리는 비어 있지만 (아무리) 사용해도 넘치지 않으니(道沖而用之或不盈)"

진리는 우주에 충만한 생명력이며 말로 형용할 수 없는 빛의 세계를 칭하는 이름이라고 하였다. 세상 만물이 모두 진리를 통해 오고 또 가므로 길(道)이다. 혼자 타고 가는 길은 소승小乘이고 모두 타고 가는 길은 대승大乘이다. 빛의 공덕은 가늠하기 어려운 무량지혜와 자비로 나타난다. 지혜란 불교용어로 말하면 반야이다. 그래서 모든 존재가 궁극적인 자리에 이르는 길은 반야선般若船을 타고 가는 것이다. 모든 부처와 보살이 반야선을 타고 완성을 이루었다고 하여 반야를 부처의 어머니라 하는 이유는 그 때문이다.

우리는 모두 진리라고 불리는 그 빛에서 왔다. 왔다고 하였지만 왔다는 표현은 사실 방편이다. 온 적도 갈 곳도 따로 있지는 않다. 형체를 이루었다 사라진다고 하여 빛이 새삼스레 생겨나거나 사라지는 건 아니기 때문이다. 다만 우리는 무서운 번뇌를 일으키는 업業에 가리워 그 사실을 망각하고 살아갈 뿐이다. 하지만 태어나는 순간부터 단 한 번도 진리와 떠나서 살았던 적이 없었다. 매일 진리에 의해 움직이고 먹고 쉬고 숨도 쉰다. 그렇게 매일매일 진리를 사용한다. 아무리 사용해도 진리는 고갈되는 법이 없다. 끝없는 생명력으로 충만한 우주의 기운이기 때문이다. 또 아무리 채워 완성되었다 하여도, 붓다나 성인이 되었다고 해도 넘치는 법이 없다. 언제나 100인 그 자리에서 떠난 적이 없기 때문이다. 다만 중생은 자신이 100이라는 사실도 모를 뿐만 아니라 100을 다 쓰지도 못한다. 100은커녕 빙산의 일각도 쓸 줄을 모르는 게 중생이란 이름의 어리석은 우리들이다.

"깊음이여! 만물의 근원인 듯하구나(淵兮似萬物之宗)!"

진리는 깊기로 말하자면 그보다 더 깊은 것이 있을 수 없다. 세상 만물의 뿌리가 아무리 깊게 뻗었다 해도 진리 위에 얹혀 있다. 너무 깊어서 그 속을 알 수 없는 것이 바로 진리인 까닭이다. 그러므로 진리를 만물의 근원이라 한다. 종宗은 마루의 의미이고, 마루는 가장 꼭대기를 이르는 말이다. 다른 말로 하면 궁극이란 뜻이다. 궁극은 모든 것의 바탕이란 뜻이고, 가장 마지막, 가장 뒤에 있는 것이란 뜻이다. 그러므로 헤아릴 수 없는 진리의 깊음을 깊은 못으로 표현하였다. 깊은 못은 고요하고 아득하다. 그렇게 아득하여 만물이 뿌리박고 있는 근원인 것 같다는 뜻이다. 따라서 불교에서는 우주의 실상을 표현할 때 진실로 고요하므로 적멸寂滅 혹은 적정寂靜이라 한다. 사찰에서 부처님 모신 전각을 대적광전大寂光殿이라고도 하는 것은 그 때문이다.

"날카로움을 무디게 하고 얽힌 것은 풀어 주니(挫其銳解其紛)"

날카롭다는 것은 모가 났다는 뜻이다. 발톱을 세웠다는 뜻이다. 예민하다는 뜻이기도 하다. 예민하다는 것은 '나'가 너무 많다는 뜻이다. 업으로 표현되는 내적 프로그램이 다양해서 매사에 걸리는 게 많다는 의미이다.

예컨대 예뻐야 하고 우아해야 하며, 세련되어야 하고 정숙해야 하며, 고고해야 하고 지성적이어야 하는 사람이 있다고 하자. 반면에 어떻게 보이든지 아무 상관이 없는 사람이 있다. 전자의 경우 그 모든 조건에서 벗어난 대접을 받거나, 그런 조건에서 벗어난 상황에 놓이는 것이 용납이 안 된다. 그러므로 운신의 폭이 좁은 것은 물론이고 그 조건에서 벗어나는 경우마다 짜증을 내거나 화를 내게 된다. 심각한 경우엔 상대방은 물론 자신조차 용납하지 못하는 경우까지 생겨 비극적인 결말을 자초할 수도 있다. 그러나 후자인 경우는 어지간해서는 그리 마음 상할 일이 없다.

그러나 진리와 만나게 되면 모든 상황은 종료된다. 더 이상 '나'가 없으므로 날카롭게 날을 세울 이유가 없다. 나 아님이 없는 까닭이다. 또한 온갖 프로그램으로 얽혀 있는 사람은 중생이지만, 진리와 만나게 되면 모든 프로그램으로부터 자유로워지게 된다. 그것이 바로 해탈解脫이다. 번뇌가 꺼졌다는 의미는 열반이지만, 모든 속박으로부터 벗어났다는 의미는 해탈이다. 열반과 해탈이 모두 진리와 하나되었다는 의미의 다른 표현이다.

"빛과 어울리어 먼지와도 하나되네(和其光同其塵)."

화和는 어울림이다. 어울린다는 것은 더 이상 겉돌지 않는다는 뜻이다. 별개로 존재하지 않는다는 뜻이며 하나되었다는 뜻이다. 그러므로 빛과 어울린다는 말은 빛과 같아졌다는 뜻이다. 중생과 부처가 둘이었다가 중생과 부처가 하나되었다는 뜻이다. 모든 에고가 사라져 내면의 반야가 빛을 발한다는 뜻이다. 반야는 지혜인 동시에 빛이다. 사랑이고 생명이다. 온 우주는 오직 사랑의 에너지로 충만하며 그것을 아미타불이라 한다. 따라서 아미타불은 온 우주가 자신의 몸이다. 이 세상 전부가 아미타부처님이란 뜻이다. 그것을 일승一乘이라 한다. 하나의 수레란 뜻이다. 따라서 티끌도 부처의 몸인 것이다. 모든 중생이 더 이상 중생이 아니라 그 자체로 부처란 뜻이다. 색즉시공色卽是空이고 공즉시색空卽是色의 자리이다.

"맑음이여! 아마도 (뭔가) 있는 것 같기는 한데(湛兮似或存)"

「보리방편문」의 첫 구절에서 이미 소개한 부분이다. 이 우주는, 불교로 말하면 마음〔佛〕이란 허공과 같아서 한 조각의 구름이나 티끌만큼의 그림자도 없다. 투명할 만큼 맑다고 했다. 그러나 그것이 공허하다는 의미는 아니라 하였다. 온갖 공덕으로 충만하다고 하였다. 윗 글은 바로 그「보리방편문」에서의 청정법신 비로자나불이지만 원만보신 노사나불이기도 하다는 설명을 그대로 옮겨놓은 것과 같다고 할 수 있다.

또한『열반경』에 의하면 깨달음을 얻었을 때, 즉 열반의 공덕은 바로 상락아정常樂我淨이라 한다. 풀어보면, 영원하고 즐거우며 진아眞我이고 물들지 않는 깨끗함이란 뜻이다. 그렇게 티 하나 없이 깨끗한 상태가 곧 해탈했을 때 얻어지는 공덕이라는 의미이다. 진리라고 하는, 즉 부처의 자리는 맑디맑음으로 표현되는 자리이다. 진실로 맑아서 더 이상 물들 것이 없는 자리이다.

중생들의 감각기관으로는 닿을 수 없으나 없음으로써 있기〔眞空妙有〕 때문에 만물이 빛나고 생명력이 넘쳐나며 꽃피고 열매를 맺는다는 뜻이다. 그래서 유교에서는 큰 학문으로 가는 시작이 격물치지(格物致知; 만사 만물과 맞닥뜨려 궁구하여 이치를 터득함)

라 한 것이다.

"**나는** (진리가) **누구의 자식인지는 몰라도**(吾不知誰之子)"

분명 무엇인가가 존재한다면 그것은 그것을 만들어낸 자가 있다는 뜻이 된다. 그래서 노자는 진리가 도대체 누구의 자식인지 모르겠다고 짐짓 운을 뗀 것이다. 물론 그것에 대한 대답을 노자는 다음 구절에서 하고 있다.

"(아마도) **상제보다 먼저일 것이다**(象帝之先)."

상제란 창조주이다. 그런데 노자는 진리를 창조주보다도 더 먼저라 하였다. 이미 상제라고 하는 순간 이름이 생겼기 때문이다. 진리는 혼돈이어서 이름할 수 없는 상태이다. 하지만 상제는 이미 이름이 있어 창조주와 피조물로 분별한 세계의 일이 된다. 그러므로 이름이 있기 이전으로 진리를 돌려놓은 것이다. 그렇다고 상제와 진리가 실제로 둘로 존재한다는 뜻은 아니다. 잠시 장자 이야기를 하나 듣고 넘어가기로 한다.

혜자가 장자에게 말했다. "위왕魏王이 내게 큰 박씨를 주었습니다. 그 박씨를 심었더니 자라서 다섯 섬(가마니)들이 박이 열렸습니다. 그 박에 물이나 장을 담았더니 무거워서 들 수가 없었고, 쪼개어 바가지를 만들면 납작하여 쓸모가 없었습니다. 크기만 하고 쓸데가 없다고 여겨 부수어 버렸습니다."

장자가 말했다. "선생께서는 큰 것을 쓰는 방법이 서툴군요. 송宋나라 사람 중에 손이 트지 않는 약을 잘 만드는 사람이 있었는데 대대로 솜을 빠는 일을 업으로 삼았습니다. 지나가던 길손이 그 얘기를 듣고서 그 (손이 트지 않는 약) 비방을 금金 백 냥에 팔기를 청했습니다. (그 말에) 가족들이 모여 의논하면서 하는 말이, '우리는 대대로 솜을 빨아왔지만 약간의 돈을 버는 데 불과했다. 지금 하루아침에 비방을 황금 백냥에 팔라고 하니 (그가 청하는 대로) 그에게 주자'고 했습니다. 그 처방을 산 길손은 오나라 왕에게 가서 설명했습니다. 월나라 내부에 어려운 일이 발생하자, 오나라 임금은 그를 장수로 삼아 겨울철에 월나라 군사들과 물에서 싸우게 하여 월나라를 크게 패배시켰습니다. 그리하여 오나라의 왕은 땅을 나누어 그 길손은 땅까지 봉해 받았다 합니다. 손을 트지 않게 하는 방법은 같은데 어떤 사람은 나라의 땅을 봉해 받고, 어떤 사람은 솜 빠는 일을 면하지 못한 것은 쓰는 방법이 달랐기 때문입니다. 지금 당신에게 다섯 섬들이 큰 박이 있다면 어째서 그것을 큰 술통처럼 만들어 강과 호수에 띄워볼 (뱃놀이를 즐길) 생각은 하지 않습니까? 그러면서도 그것이 납작해서 쓸모가 없다고 근심하고 있으니,

선생의 마음이 부자란 것입니다."

4장의 일반적인 풀이: 빛과 어울리어 먼지와도 하나되네

진리는 비어 있지만 (아무리) 사용해도 넘치지 않으니,
깊음이여!
만물의 근원인 듯하구나!
날카로움을 무디게 하고 얽힌 것은 풀어주니,
빛과 어울리어 먼지와도 하나되네.
맑음이여!
아마도 뭔가 있는 것 같기는 한데,
나는 진리가 누구의 자식인지는 몰라도,
아마도 상제보다 먼저일 것이다.

4장의 불교적인 풀이: 불성광명과 어울리니 중생과도 한 몸이네

부처의 세계는 허공처럼 비어 있지만,
중생들이 아무리 사용해도 넘치지 않으니,

오묘함이여!

온갖 중생의 뿌리인 듯하구나.

결핍된 것은 채워주고 얽힌 것은 풀어주네.

불성광명과 어울리면 뭇 중생과도 한 몸이네.

투명함이여!

아마도 뭔가 있는 것 같기는 하지만,

나는 불성광명의 공덕장이

어디서 비롯되었는지는 몰라도,

아마 조물주보다는 먼저였을 것이다.

행복이란… 스스로가 사랑이 되는 것

제5장 최고의 사랑은 중中을 지키는 것

天地不仁以萬物爲芻狗(천지불인이만물위추구): 천지는 불인하므로 만물을 추구로 여기며,

聖人不仁以百姓爲芻狗(성인불인이백성위추구): 성인은 불인하므로 백성을 추구로 여긴다.

天地之間其猶槖籥乎(천지지간기유탁약호): 우주는 마치 풀무와도 같은 것인가!

虛而不屈動而愈出(허이불굴동이유출): 비어 있으면서도 굴하지 아니하고 (감응하면) 움직여 더욱 더 거세게 내뿜는구나.

多言數窮不如守中(다언삭궁불여수중): 말이 많으면 자주 궁해지나니 중中을 지키는 것만 못하다네.

제5장의 핵심 단어는 인(仁; 사랑)이다. 사람들은 너무 쉽게 사랑이란 말을 하면서 살아간다. 영원을 약속한 사랑이 금세 증오로 변하기도 하는 걸 보면 우리가 사용하는 '사랑'이 세속화되었음을 부인할 수 없다. 한 편의 드라마처럼 너무나 사랑해서 동행을 결정했지만, 곧 증오로 변하는가 하면, 급기야는 재판장에서 원수로 만나기도 하는 게 현실이다. 『노자』 5장은 그러한 중생들의 사랑이 하도 딱해서 노자가 위대한 '참사랑'에 대해 말씀하신 내용이다. 기독교에서 하느님을 사랑의 하느님이라 하듯이, 우리 모두의 본성이 사랑 그 자체라면 우리들 각자는 모두 사랑이 됨으로써 행복해질 수 있다는 뜻이다. 과연 정말 사랑한다는 것이 어떤 것인지 본문에서 풀어보기로 한다.

"천지는 불인하므로 만물을 추구로 여기며(天地不仁以萬物爲芻狗)"

이 문장은 "천지는 인함으로써 불인하여 만물을 추구로 여긴다"고 하면 오히려 이해가 쉬울 것이다. 인이란 천지가 만물을 낳는 마음이다. 한 순간도 쉬지 않고 만물을 키워내고 있으므로 만물을 낳는다고 표현하였다. 그렇기 때문에 만물은 변화한다. 바뀌면서 생명력을 유지하며 살아낸다. 살면서 또 죽기도 한다. 죽이면서 살린다는 뜻이다. 실제로 어머니들이 자식을 사랑하는 방법은 회초리를 통해서도 나타난다. 때린다고 하는 것은 어쨌든 아픈 것이다. 겉으로는 살리는 것이 아니라 죽이는 것처럼 보이기도 한다. 모든 것을 다 받아주고 긍정하는 것보다 더 힘든 것이, 안 되는 것을 안 된다고 말하는 것이다. 그 순간 아이와 어머니는 모두 아프다. 아이는 절대적인 사랑으로 품어줘야 할 어머니로부터 외면당하는 것 같아 아프다. 하지만 어머니는 사랑하는 자식의 요구를 들어주면 안 된다는 사실이 더 아프다. 문득 전에 텔레비전을 통해 보았던 노부부 이야기가 생각난다.

정말 금슬이 좋던 노부부에게 갑자기 위기가 왔다. 할아버지가 병원에서 큰 병에 걸렸으므로 살날이 얼마 남지 않았다는 청천벽력 같은 소리를 들은 것이다. 할머니를 천년만년 지켜주고 싶었던 할아버지는 그 소식을 들은 때부터 역으로 냉대하고 구박하기 시작했다. "그것도 못해!", "그래가지고 세상을 어떻게 살려고 그래!", "왜 그렇게 야물지 못해!"라는 말이 소나기처럼 할머니에게로 쏟아졌다. 영문을 모르는 할머니는 갑작스런 할아버지의 변심에 어찌할 줄 모른다. 할아버지는 속도 모르고 서러워만 하는 할머니가 가슴 아파 돌아서서 눈물짓는다. 결국 할아버지는 보호만 받으면서 세상 물정 모르고 살아온 할머니를 혼자 두고 가야 하는 심정을 토로하며 눈물지었다. 가슴에서 뭔가 모를 뜨거운 것이 울컥 치솟았던 기억의 한 자락이다.

할아버지는 할머니를 끔찍이 사랑했기 때문에 도리어 불인不

仁하게 자신의 참사랑(仁)을 표현했던 것이다. 만물을 자식으로 삼는 천지도 마찬가지다. 천지에게 있어서는 사람도 동물도 식물도 심지어 광물이나 물, 공기, 바람 할 것 없이 모두가 소중한 자식이다. 모두를 품는 길은 살려야 할 때는 살리고 죽여야 할 때는 죽여야 가능하다. 끔찍이 사랑한다고 모두를 계속 키워주고 북돋아주기만 하면 결국 모두 죽게 된다. 따라서 어느 한 대상만 선택해서 치우치게 사랑하지 않으므로 때로는 사랑하지 않는 것처럼 보일 수도 있다. 사랑한다는 명분으로 모든 것을 다 살리려고 한다면 결국 다 죽고 말 것이기 때문이다.

가령, 나무는 한없이 하늘을 찌를 정도로 자랄 것이고, 동물은 생태계 자체가 무너져버릴 만큼 번식하여 모두 멸종할 것이다. 사람도 태어나기만 하고 죽는 사람이 없으면 결국 유한한 지구상에서 다 죽고 말 것이다. 상상만 해도 그것이 얼마나 끔찍한 일인지 알 수 있다.

태풍도 산사태도 홍수도 다 변화를 불러온다. 그 변화의 중심에 있는 존재는 대부분 죽는다. 그러나 그 죽음을 통해 세상은 다시 살아갈 계기를 찾기도 한다. 모든 일에 다 양면이 있다는 뜻이다.

그 때문에 천지는 만물을 추구芻狗로 여긴다고 하였다. 추구는 짚으로 만든 개이다. 옛날 중국에서 제사지낼 때 짚으로 개 모양을 만들어 쓰고 제사가 끝나면 버렸다고 한다. 그러므로 추구는 쓸모가 다하면 버리는 물건이지 마음을 담는 대상이 아님을 가리킨다. 마음을 닫지 않는다는 뜻은 감정을 개입시키지 않는다는 뜻이다. 이미 앞에서 여러 차례 설명했지만 감정이란 청명한 마음 하늘에 드리운 구름과 같다. 중생들의 본성인 자성불自性佛에 덧칠된 프로그램이 대상과 만났을 때 기쁨, 분노, 슬픔, 두려움으로 나타나는 것이다. 따라서 감정은 시시각각으로 변한다. 그 변하는 감정을 따라 대상을 애착하게 된 상태를 사랑이라 부르지 말라는 뜻이다. 이어지는 내용도 같은 맥락이다.

"성인은 불인하므로 백성을 추구로 여긴다(聖人不仁以百姓爲芻狗)."

성인은 천하의 모든 중생이 다 제 몸이고 자식이라 생각하는 존재이다. 관세음보살의 얼굴이 11면인 것도 그 이유이다. 헤아릴 수조차 없이 중생들을 사랑하지만 항상 웃는 얼굴일 수 없다는 뜻이다. 항상 "잘하고 있어"라고 칭찬만 할 수는 없다는 말이다. 제 길을 제대로 걸을 땐 칭찬하지만, 엉뚱한 짓을 하면 호되게 꾸짖는 것, 그것이야말로 진정한 자비이기 때문이다. 그러한 사랑은 공평무사할 때 가능하다. 우주의 실상인 생명력과 지혜로써 보살필 때만 가능하다. 그러한 존재가 바로 성인이다. 따라서 성인 또한 모든 중생을 추구로 여긴다는 뜻이다. 짚으로 만든 개를 대하듯 아무런 감정을 싣지 않고 보살핀다는 뜻이다.

"천지는 마치 풀무와도 같은 것인가!(天地之間其猶橐籥乎)"

천지란 음양이다. 형이상자形而上者와 형이하자形而下者이다. 물질로 된 것이든 물질이 되게 하는 것이든 모든 것을 포함한다는 뜻이 바로 천지이다. 그러므로 천지 사이는 온 우주를 일컫는다.

탁약은 풀무 혹은 파이프오르간과 같은 관악기의 의미가 있다. 풀무란 불을 지필 때 바람을 불어넣는 기구이다.

만약 풀무로 해석을 한다면 끊임없이 바람을 일으켜 만물이 살아나게끔 묵묵히 활력을 주는 산소와 같은 역할을 하는 존재로 이해하면 된다. 아무런 마음을 담지 않고 그저 묵묵히 바람을 일으키는 존재와 같다는 뜻이다. 그러므로 천지란 가장 훌륭한 스승의 모습이고, 부모의 모습이며 성인의 모습이다. 모름지기 누군가가 가장 훌륭하고자 한다면 천지와 같아야 하는 것이다. 그것이 바로 중中을 지키는 것이다. 중이란 우주와 함께 함을 말한다. 아무런 감정을 싣지 않는 것이다. 감정은 사욕에서 비롯된다. 사욕은 바로 중생심이다. 중생심이 발현된다는 것은 '아상我相, 인상人相, 중생상衆生相, 수자상壽者相'에서 비롯된다는 뜻이다. 아상이란 나라고 하는 관념이고, 인상이란 너라고 하는 관념이며, 중생상이란 공간적으로 만물이 있다고 하는 관념이고, 수자상이란 시간적으로 수명이 있다고 하는 관념이다. 이 넷은 모두 상대세계의 일이다. 하지만 중中은 절대세계의 또 다른 이름이다. 그러므로 모든 상대관념, 즉 나와 너, 공간과 시간이 사라진 자리이다. 그것이 중도이고, 중도는 바로 실상으로 살아가는 방법이다. 중도를 지킴으로써만 진리와 함께 할 수 있다. 그러므로 중도는 모든 수행의 시작이고 끝이다. 정점이란 뜻이다. 중도를 이루었을 때 비로소 자유자재와 해탈이 일어나는 것이고 일미평등一味平等의 세계가 열리는 것이다.

만약 탁약을 파이프오르간과 같은 중국의 관악기로 해석을 한다면 천지에 대한 또 다른 차원의 설명이 된다. 파이프오르간은 음계에 따라 다른 소리를 낸다. 그렇지만 그 각각의 음은 모두 조화를 이루어 하나의 예술을 탄생시킨다. 천지 만물을 만들어내는 것도 그와 마찬가지란 뜻이다. 적재적소에 그 재질과 역량에 따라 만물을 만들어내어 완전한 조화를 이루어 놓는다는 의미로 풀이할 수 있다. 온갖 행성들, 태양과 달, 은하계는 물론이거니와 산과 강과 바다를 만들어내고 사람과 동물, 식물, 바위를 만들어내지만 그 모든 것들이 각기 제 모습과 제 소리로써 어울리는 그러한 역할을 하는 것이다.

"비어 있으면서도 굴하지 아니하고 (감응하면) 움직여 더욱 더 거세게 내뿜는구나(虛而不屈動而愈出)."

허의 반대는 실實이다. 실재하여 뭔가가 있는 것이 아닌데도 굴하지 아니한다. 즉 실재하는 것이 아니면서도 그 작용은 끝이 없다는 뜻이다. 다시 말해서 포기하는 일 없이 지속된다는 뜻이다. 그러면서도 또 감응하면 움직여 바람을 일으키듯 더욱 거세게 생명력을 뿜어낸다. 이로써 본다면 파이프오르간 악기로 해석하기보다 풀무로 해석하는 것이 좀 더 매끄럽게 의미가 통한다. 잡히는 무엇으로 존재하는 것이 아니므로 허하지만 끝도 없이 계속되는 진리의 작용은 (감응하게 되면) 움직여서 더욱 현상으로 내어놓는다. 이것이 바로 천지의 모습이다. 존재로서 자기를 드러내지도 않으면서도 모든 움직임은 만물을 유익하게 한다는 뜻이다. 물론 성인의 사랑도 이와 같다.

성인이든 부처님이든 한 순간도 중생을 유익하게 하지 않음이 없다. 모든 중생을 사랑하는 일은 끝이 없다. 지금 이 순간에도 모든 중생들이 제각기 가장 온전했던 본래의 모습을 찾을 수 있도록 끊임없이 설법을 하고 계신다. 그것이 바로 무정설법이고, 또한 성인의 모습이기도 하다.

필자가 좋아하는 불교 경전 가운데 하나는 『반야심경』이다. 우리나라에서 널리 읽히는 『반야심경』은 약본이다. 약본은 광본과는 달리 본론만 편집되어 있다. 서론 본론 결론 가운데 본론만 묶었다는 뜻이다. 그 본론은 총론과 각론으로 나누어볼 수 있다. 총론은 첫 구절에 나오는데 그 내용이 퍽 감동적이다. 대략 나름대로 쉽게 풀어 정리해보면 다음과 같다.

우주의 사랑에너지인 관자재보살이 중생들을 극락세계로 인도하기 위하여 깊은 반야바라밀을 행할 때에, 사람의 몸과 정신이 모두 실재가 아님을 반야의 빛으로 비춤으로써 중생들이 모든 고난으로부터 벗어나 행복에 이르도록 제도하신다.

*해설 불교의 관자재보살은 곧 대자대비의 다른 말이므로 우주에 충만한 사랑에너지라 할 수 있다. 그 사랑에너지는 모든 중생들이 행복하도록 지금 이 순간도 쉬지 않고 법문을 하고 있다. "깨어나라!" 그와 동시에 위대한 반야지혜의 빛으로 실재를 비춰 보이며 속삭인다. "지금 네가 느끼는 모든 고통은 진짜가 아니란다. 네 몸이라는 것도 네 마음도 모두 꿈을 꾸는 것과 같은 것이란다. 꿈에서 깨어나기만 하면 지금 그대로 너는 행복한 사람이고 완전한 존재란다." 범어梵語로 된 『반야심경』은 광본과 약본 모두 '도일체고액度一切苦厄'이라는 내용이 없다. 법월 스님 역시 그대로 옮겼다. 하지만 구마라집 삼장과 현장 삼장은 '도일체고액度一切苦厄'을 넣어서 『반야심경』을 완성하였다. 따라서 그에 대한 해석을 "일체의 고액을 건너셨다"고 하면 관자재보살이 일체의 고액을 건너가는 것이 된다. 그러나 광본의 어디에도 "관자재보살이 과거 수행할 때에…"라는 구절은 없다. 따라서 필자는 그 부분을 해석함에 있어 "(관자재보살이 중생들로 하여금) 일체의 고액을 떠나도록 제도하신

다"로 이해하였다. 현재 우리나라에서 읽히는 『반야심경』은 약본이며 현장 삼장의 한역漢譯이다.

"말이 많으면 자주 궁해지나니 중中을 지키는 것만 못하다네 (多言數窮不如守中)."

우리는 입을 통한 말로만 서로 소통할 수 있다고 여기는 경우가 많다. 실제로는 마음으로도 말하고, 몸으로도 말하며 눈으로도 말한다. 그 가운데 가장 많은 말을 하는 것은 오히려 마음이다. 말이란 어차피 소통의 도구이므로 너와 나의 벽이 높을수록 소통을 위한 말을 많이 필요로 한다. 이렇게 해도 소통이 불완전하고 저렇게 해도 소통이 불완전할 때 점점 말이 많아진다. 불교로 말하면 업이 두터운 사이일수록 어떻게든 소통시켜 보려고 하여도 여기저기서 자꾸만 삐걱거린다. 이쪽을 맞추면 저쪽에서 어긋나고 저쪽을 맞추면 이쪽에서 어긋나기 때문이다. 금세 맞추어도 돌아서면 또 어긋난다. 그것이 중생계의 일이다. 따라서 많은 말을 필요로 한다는 것 자체가 이미 더욱 불완전한 상태란 뜻이다. 불완전하므로 맞추려 하면 할수록 더욱 더 자주 궁해질 수밖에 없다. 아집으로 똘똘 뭉친 사람일수록 소통을 위해서는 많은 말이 필요하다는 뜻이다. 하지만 그 아집 때문에 소통은 너무나 힘들고 멀기만 하다. 하지만 아집이 강한 사람은 끝내 자기

고집대로 관철하려는 경향이 강하다. 따라서 자주 한계를 드러내게 된다는 뜻이다.

반면에 완전한 사이는 말이 필요치 않다. 너와 내가 사라지고 합일된 사이에는 내가 너이고 너가 나이다. 한 마음이면서 두 개의 형상이 존재할 뿐이므로 저절로 통한다. 나의 뜻이 너의 뜻이고, 너의 뜻이 곧 나의 뜻이다. 그것은 너와 나의 본성이 만났고, 나와 우주의 마음이 만났으므로 따로 소통할 대상이 없다는 뜻이기도 하다. 그것이 바로 중中이다.

중을 지킨다는 것은 내 안의 본성을 따른다는 뜻이다. 진리의 마음 안에서 하나가 된다는 뜻이다. 그러므로 말로 소통하려 들지 말고 진리의 마음인 본성을 지키는 것, 그것이 제일이라는 뜻이다. 또한 진리의 본성으로 나누는 마음이야말로 최고의 사랑이라는 뜻이기도 하다. 천지의 사랑과 성인의 사랑은 중中을 지킴으로써 불인不仁하게 여겨질 수 있다는 뜻이기도 하다. 천지와 성인은 어떠한 상황에서도 헤아려 계산하는 법이 없기 때문이다. 의도된 작위는 없다는 뜻이다. 저절로 움직이지만 모든 일이 완성되는 것, 그것이 바로 천지와 성인의 사랑이다. 잠시 쉬었다가 『노자』 5장의 전체적인 내용을 정리하기로 한다.

요즘 경기가 어렵다고 복권을 사는 사람들이 많아졌다는 이야기를 들었다. 문득 "세상에 공짜는 없다"고 하는 말이 생각나서 골라본 『장자』「서무귀」편의 이야기이다.

자기子綦는 여덟 명의 아들이 있었는데 (그 아들들을) 앞에 늘어서게 하고 구방연이라는 사람을 불러서 말하기를, "나를 위하여 관상觀相을 좀 봐 주게나. 내 자식들 가운데 누가 관상이 복스럽고 길하다 할 수 있겠는가?" 하고 물었다. 구방연이 대답하였다. "곤이라는 아들이 복스럽고 길한 관상이요." 자기는 깜짝 놀라면서도 기뻐하며 말하였다. "어찌하여 그런가?" 구방연이 대답하기를, "곤은 장차 나라 임금과 한가지로 죽을 때까지 먹게 될 것입니다"라고 하였다. (이 말을 들은) 자기는 눈물을 흘리며 말하였다. "내 자식이 어찌하여 그렇게 끔찍한 상황에 이르게 된단 말인가?" 구방연이 말하였다. "대체로 나라의 임금처럼 음식을 먹게 된다면 그 은혜와 덕택이 삼족(부모, 자녀, 손자의 3대)에까지 미치는데 하물며 부모에 말해 무엇하겠습니까? 지금 그대는 그것에 대한 말을 들었는데도 울고 있으니 이는 복을 거역하는 것입니다. 자식은 복스럽고 길한 관상이나 아버지는 불행하군요." (이에) 자기가 말했다. "방연이여! 당신이 어찌 충분히 알고 (내 아들) 곤을 복스럽고 길한 관상이라 말하였겠는가? 모든 술과 고기가 코와 입으로 들어가겠지만 어찌 어디서 그 술과 고기가 오는지를 알 수 있겠는가? 나는 일찍이 (가축을) 기른 적이 없는데도 별안간 양이 생긴다거나, 일찍이 사냥을 좋아한 적이 없는데도 어느 구석에서 메추라기가 생긴다면 어찌 이상하다 아니하겠소? 나는 내 아들과 천지天地를 무대로 노닙니다. (그러므로) 하늘을 따라 아들과 함께 즐거워하고, 땅을 따라 아들과 함께 먹을 것을 구하였소. 나는 아들과 더불어 (무언가를 계획하여) 일삼아 하는 일도 없었으며, (무엇을 하겠다고) 꾀하는 일도 없었고, 아들과 더불어 이상한 행동도 하지 않았소. 나는 아들과 더불어 천지의 정성스러움을 따라 행동하였으나 바깥일 때문에 마음이 구속당하지도 않았소. 나는 아들과 함께 미꾸라지와도 하나가 되었지만(자연인으로 살았지만) 마땅하다는 것을 일삼은 적은 없었소. (그런데도) 지금 (당신은) 세속적인 보상이 있다고 하였소. 대체로 괴상한 징조가 있는 사람은 반드시 괴상한 행동을 하게 될 터이니 위태롭다는 것이요. 나나 내 아들이 죄를 짓지 않은 이상 아마 하늘이 주는 것이겠지요. 나는 그 때문에 우는 것이요." 얼마 지나지 않아 곤을 연燕나라로 보냈는데 도적들이 길에서 곤을 붙들어서는, (몸이) 온전한 상태로는 곤을 팔아먹기 곤란하다며 발꿈치를 베어서 (팔아먹기) 쉽게 하는 게 낫겠다고 여겼다. (이에 도적들은 곤의) 발꿈치를 잘라서 (불구자로 만들어) 제齊나라에 팔아먹었다. (곤은) 마침 제나라의 부잣집(에 팔려가 그 집의) 문지기가 되어 죽을 때까지 고기를 먹다가 생을 마쳤다.

*해설 일반 사람들이 생각하는 길한 관상과 자기라는 사람이

생각하는 길한 관상의 차이를 엿볼 수 있다. 죽을 때까지 고기를 먹을 수 있다는 사실은 부유한 삶을 상징한다. 부유한 삶은 세상 사람들이 바라는 바이다. 하지만 부유한 삶은 하루아침에 그냥 얻어지는 것이 아니다. 그것이 들어올 만한 원인을 지었기 때문에 결과로서 얻어지는 보상이기 때문이다. 보상이 따르기까지의 과정에는 늘 양면이 따르게 마련이다. 본인은 좋은 일을 한다고 추진하지만 그로 인해 피해를 입는 사람이 있게 마련이다. 그것이 세상사이다. 그렇기 때문에 자기란 인물은 아들들과 세상의 즐거움을 좇지 않고 살아왔던 것이다. 그들은 천지天地에서 노닐고, 하늘을 따라 즐거워하고 땅을 따라 먹을 것을 구하였다. 그들의 삶은 한 마디로 자연인이었으며, 대자유인이기도 하였다. 그런데 새삼 아들 하나가 세상 사람들이 탐하는 고기를 죽을 때까지 먹을 것이란 말을 듣게 되었으니 걱정이 아닐 수 없다. 결과적으로도 그가 염려했던 것이 현실이 되었다. 가장 길한 관상을 지녔다던 아들은 가장 불행한 삶을 살았다고 볼 수 있다. 이 글이 주는 교훈이라면, "세상에는 공짜가 없다"는 지극히 단순한 상식이 아닐는지?

5장의 일반적인 풀이: 최고의 사랑은 중中을 지키는 것

천지는 불인하므로

만물을 짚으로 만든 개로 여기며,

성인은 불인하므로

백성을 짚으로 만든 개로 여긴다.

천지는 마치 풀무와도 같구나!

비어 있으면서도 굴하지 아니하고

(감응하면) 움직여 더욱 더 거세게 내뿜는구나.

말이 많으면 자주 궁해지나니

중中을 지키는 것만 못하다네.

5장의 불교적인 풀이: 진실한 자비는 중도를 지키는 것

우주법계는 너무나 자비로워서

만물에 대한 분별이 없고,

불보살은 너무나 자비로워서

중생들에 대한 차별이 없다.

우주법계는 풀무와도 같은 것인가!

텅 비었으되 그 공덕은 끝이 없고
중생을 제도함에는 자비를 다하네.
아상我相이 심하면 늘 고통을 받나니
중도실상에 머무는 것이 제일이라네.

행복이란… 영원한 생명을 얻는 것

제6장 진리는 영원하다

谷神不死是謂玄牝(곡신불사시위현빈): 곡신은 결코 죽지 않나니, 이를 일러 진리의 어머니라 하며,

玄牝之門是謂天地根(현빈지문시위천지근): 진리의 어머니에게로 가는 문, 이를 일러 천지의 뿌리라 한다.

緜緜若存用之不勤(면면약존용지불근): 한결같아서 마치 있는 듯 하지만 아무리 사용해도 수고롭지 않나니.

이 장에서는 진리의 수용성을 골짜기와 암컷으로 표현하고 있다. 진리의 특성에 대해서는 이미 앞에서 나온 내용과 크게 다르지 않으므로 직접 본문을 통해 설명하기로 한다.

"곡신은 결코 죽지 않나니, 이를 일러 진리의 어머니라 하며 (谷神不死是謂玄牝)"

곡신은 골짜기의 신이다. 골짜기는 모든 것을 거부하지 아니하고 받아들이는 장소이다. 개체인 '나'로서 살아가는 모든 존재는 용량의 한계가 있다. 내가 있다는 것은 나 밖의 세상이 존재한다는 뜻이기 때문이다. 그러므로 나의 용량만큼만 수용할 수 있다는 뜻이다. 그리고 그러한 나는 언젠가 죽을 수밖에 없다. 하지만 골짜기는 모든 것을 받아들일 뿐 거부하는 일이 없다. 만물과 만사萬事의 귀결처를 상징하는 표현으로써 선택한 단어가 바로 곡신이다. 실제로 골짜기는 모든 것이 모이는 장소이다. 따라서 곡신은 바로 진리를 상징하는 또 다른 용어라 할 수 있다.

"진리는 죽지 않는다"는 말은 불교로 이해한다면 "부처님은 영원하시다"는 뜻이다. 앞에서 이미 불보살이 중생의 모든 것을 수용하는 데 대해 사섭법으로써 설명한 부분과 부합한다. 즉 불보살은 모든 중생들의 어버이이므로 자식의 모든 것을 기꺼이 수용한다는 뜻이다. 불보살을 외면하는 것은 중생들일 뿐 불보살은 언제나 중생을 어여삐 여기지 아니한 적이 없다. 마치 기독교의 성서에서 말하듯 "내가 너희와 항상 함께 할지니 두려워 말라"고 하는 내용과 의미가 상통한다.

현玄이란 노자가 말하는 진리의 또 다른 이름이다. 거듭 말하지만 진리는 인식으로 닿을 수 있는 영역이 아니다. 내가 너를 인식한다는 뜻은 나와 너로 존재할 때만 가능하다. 반면 내가 없으면 너도 없다. 그러므로 알 수 있는 주체도 알아야 할 객체도 사라진다. 그 사라진 자리는 인식이 설 곳이 없다. 따라서 검을 현玄이라 표현한 것이다. 마찬가지 의미로 묘妙가 있다. 이것 역시 진리를 상징하는 또 다른 이름이다. 그러므로 현묘玄妙하다는 말은 결국 알 수 없는 것의 이름이고, 알 수 없는 그것을 노자와 장자는 진리를 가리키는 언어로 사용한 것이다.

그런데 노자는 또 그것을 진리의 암컷으로 표현하였다. 암컷은 낳는 주체이다. 모든 것이 암컷을 통해서 세상 밖으로 나오는 데서 붙여졌을 것이다. 따라서 그 부분에 대해 진리의 어머니로 해석하였다.

『화엄경』「이세간품」 보현보살의 게송에는, "큰 지혜와 넓은 서원으로 견고한 배가 되어 중생들을 태워서 보리의 언덕에 안치하네"라는 구절이 있다. 보살은 부처라는 실상實相의 공덕장에 대한 표현이다. 실상이라고 하는 부처의 공덕은 헤아릴 수조차 없다고 하였다. 따라서 삼천대천세계를 통째로 부수어 그 티끌로써 공덕을 헤아려도 부처님의 공덕은 이루 다 헤아릴 수 없다고 하였다. 그러한 공덕에 대한 총 대명사는 단연 관세음보살이다. 그러므로 관세음보살이라고 하는 공덕장은 모든 것을 가능하게 하는 마법세계와도 같다. 만물과 만상은 모두 보살이 그 공덕을 드러낸 모습이다. 그런데 그러한 공덕장의 대명사를 관세음보살이라 한다. 그 이유는 다음과 같이 설명할 수 있을 것이다.

이 세상에 가장 귀한 것이 무엇이냐고 묻는다면 바로 만물을 키우는 힘이라 할 수 있다. 만물을 키우는 힘을 무엇으로 표현할 수 있냐고 한다면 '사랑'이다. 온 우주는 사랑의 에너지로 가득 차 있다. 그 사랑의 에너지가 바로 불교에서 말하는 대자대비의 관세음보살이다. 그래서인지 관세음보살의 모습은 어머니의 모습을 닮아 있다. 그것은 관세음보살이 여성이어서라기보다는 모든 중생들을 어루만지는 데서 비롯된 상징적인 표현이라고 이해할 수 있다.

"진리의 어머니에게로 가는 문, 이를 일러 천지의 뿌리라 한다(玄牝之門是謂天地根)."

진리의 어머니로 들어간다는 것은 곧 모든 것의 바탕으로 간다는 뜻이다. 그러므로 천지의 뿌리라 하였다. 거듭 말하지만 천지란 온 세상, 즉 온 우주를 통틀어서 표현한 말이다. 형이상자와 형이하자를 아우른다는 뜻이다. 따라서 천지의 뿌리란 바로 온 우주, 즉 법계의 바탕이라는 뜻이 된다.

불교에서 우주, 즉 법계란 다름 아닌 바로 부처님의 몸이다. 따라서 부처님 몸인 법계의 뿌리는 다름 아닌 생명의 자리이면서 동시에 빛의 세계이다. 물론 장자도 모든 것의 바탕을 보광葆光이라 했고, 기독교의 성서에서도 하느님을 빛이라 하였다. 아마 모든 성자들은 바로 이 우주에서 그 근원자리인 빛을 보았을 것이다. 그 빛은 모든 물질세계 너머에 있는 근원자로서 생명에너지이며 동시에 사랑의 에너지이다. 그러므로 그 빛은 육안으로 볼 수 없다. 오히려 육안을 닫았을 때 드러나는 진실의 세계이다.

생명이면서 빛인 그것을 다른 말로 표현하면 자비와 지혜이다. 자비를 상징하는 공덕장은 관세음보살로 표현된다. 그러므로 불교에서 진리의 어머니는 곧 관세음보살이다. 모든 중생의 어머니이기 때문에 중생들의 기쁨과 슬픔, 그리고 아픔까지도 다 껴안는다. 모든 것을 중생들과 함께 한다는 뜻이다. 그러므로 어떤 추한 모습이나 고난도 관세음보살의 자비로써 목욕재계가 되며 새로운 생명으로 거듭난다. 관세음보살을 부르는 순간 고통과 절망에서 벗어나 즐거움과 희망으로 변하게 된다는 뜻이다. 모든 것이 관세음보살 안에서 용서가 되고 새로 태어난다는 의미이기도 하다. 물론 용서란 말조차 필요치 않다. 관세음보살 안에서는 나와 남이 없는 까닭이다. 다시 말해서 관세음보살이 곧 모든 만물이 시작되는 곳이어서 그 자리가 곧 바탕이라는 뜻이다. 이러한 내용을 담고 있는 불교 경전이 바로 『법화경』「관세음보살보문품」이다.

"한결같아서 마치 있는 듯하지만 아무리 사용해도 수고롭지 않나니(緜緜若存用之不勤)."

모습으로 드러난 것은 그 쓰임이 다하면 사라진다. 그러나 진리는 존재하지 않는 것으로써 존재한다. 즉 존재라 할 수 없는 존재라는 뜻이다. 그러므로 진공묘유(眞空妙有; 진실로 텅 비어 있으나 헤아릴 수 없는 무엇인가는 존재하는 것)라고도 한다. 따라서 앞서 다루었던 「보리방편문」의 내용대로 이 우주는 허공과 같은 법신부처님이지만, 그 허공은 온갖 불성공덕으로 충만한 보신불이고, 그 불성공덕이 이 세상에 현현한 것을 화신불이라고 하는 것이다.

노자의 윗 구절 역시 그에 대한 설명이다. 온갖 것들이 쉬지 않고 나타나서 마치 무엇인가가 있는 듯도 하지만 있다고는 할 수 없다는 뜻이다. 만약 있다면 그것은 이미 한계성을 내포하게 된다. 첫째는 그 생명의 유한성이다. 즉 개별자로 존재하는 모든 것은 생겨난 것이고, 생겨난 것은 언젠가는 사라지게 마련이란 뜻이다(시간적 한계). 두 번째는 범위의 유한성이다. 즉 개별자로 존재하는 모든 것은 범위(영역)가 제한적일 수밖에 없다는 뜻이다. 점유하고 있는 그것의 범위가 아무리 크다고 해도 진리라고 하는 한없는 영역을 다 포괄할 수 없다는 뜻이다(공간적 한계). 세 번째는 능력의 유한성이다. 즉 개별자로 존재하는 모든 것은 제

아무리 괴력을 지녔다고 할지라도 그 힘이 한계가 있다는 뜻이다. 따라서 어느 정도 그 힘을 다하고 나면 지치게 되어 있다(능력의 한계).

하지만 진리는 그 모든 것을 뛰어넘는다. 시간과 공간, 그리고 그 능력이 무한이다. 진리란 헤아릴 수조차 없는 생명력이며, 헤아릴 수조차 없는 빛이고 끝없는 공덕장이기 때문이다. 따라서 '끊임없이 작용하는 데도 수고롭지가 않다'고 한 것이다. 실제로 개별적 존재로서의 '유有'라면 쉬지 않고 작용할 경우 지치게 마련이다. 그렇게 지칠 수밖에 없는 존재가 쉬지 않고 일을 하는 경우 수고롭다고 한다. 그러나 이 장에서는 진리의 모습, 바로 부처님의 모습을 그려냈으므로 아무리 몇 억 겁을 두고 만물로 화현하는 작용이 쉬지 않더라도 수고로울 일이 없다. 잠시 쉬었다가 넘어가기로 한다. 소개하는 내용은 무정無情에 관한 장자와 그의 친구 혜자惠子의 대화이다(『장자』「덕충부」).

> 성인은 사람의 형체를 하고는 있으나 사람의 감정은 없다. 사람의 형체를 하고 있으므로 사람들과 무리지어 살지만, 사람의 감정이 없으므로 옳고 그르다는 시비를 떠나 있다. 성인이 작은 것보다도 더 작게 보이는 까닭은 어떠한 사람들과도 소통되기 때문이다. 또한 성인이 큰 것보다도 더 크게 보이는 것은 오직 성인만이 홀로 하늘(자연)과 하나를 이루었기 때문이다. 혜

자가 장자에게 말했다. "사람은 본래 감정이 없었던 것일까?" 장자가 대답했다. "그렇다네." 혜자가 말했다. "사람이면서 감정이 없으면 어떻게 그를 사람이라 하겠는가?" 장자가 대답했다. "도道가 모습을 주었고, 하늘이 사람의 형체를 주었는데 어찌 사람이라 하지 않을 수 있겠는가?" 혜자가 말하였다. "이미 사람이라고 한 이상 어찌 정이 없을 수 있는가?" 장자가 대답하였다. "그것은 내가 말하는 감정이 아니다. 내가 감정이 없다고 하는 것은 사람이 좋아하고 싫어하는 감정 때문에 안으로 그 몸을 상하지 않으며, 항상 자연을 따르지만 오래 살려고 하지는 않음을 말한다네."

*해설 성인도 사람들이 느끼는 것을 느끼지만, 아니 오히려 모든 것에 있어서 더 섬세할 수도 있지만 그것으로 인해 자신을 상하는 일은 없는 존재이다. 내면의 고요와 평화를 떠나지 않는다는 뜻이다. 또한 마치 진리가 아무리 작은 티끌이라 할지라도 그 속에 함께 하고, 아무리 큰 우주라 할지라도 그것을 모두 감싸듯이 성인도 모든 사람들과 소통하고 온 우주를 제 몸으로 하는 존재이다. 그러므로 작은 것보다도 더 작고 큰 것보다도 더욱 더 위대하다고 하였다. 그러므로 성인은 이 세상에서 가장 아름다운 이라 할 수 있고, 이 세상의 가장 완벽한 예술품이 곧 성인일 것이다. 그로 인해 세상은 더욱 넉넉해질 것이

고, 그로 인해 세상이 밝아질 수 있을 것이므로.

 6장의 일반적인 풀이: 진리는 영원하다

골짜기의 신은 결코 죽지 않나니
이를 일러 진리의 어머니라 하며,
진리의 어머니에게로 가는 문
그것을 일러 천지의 뿌리라 한다.
생명이 나오는 모습 끝이 없어 뭔가 있는 듯하지만
아무리 그것을 사용하나 수고롭지 않다네.

 6장의 불교적인 풀이: 부처님은 영원하시다

부처님은 영원하시니
그 자리를 일러 생명의 어머니라 하네.
생명의 어머니께로 가는 문
그 자리를 일러 법계의 바탕이라 한다.
생명의 드러남 끝이 없어 뭔가 있는 듯한데
중생 돌보시는 부처님의 자비는 지칠 줄 모르네.

행복이란… '참나'로 거듭나는 것

제7장 사욕이 없어야 '나'를 완성한다

天長地久(천장지구): 우주는 영원하다.

天地所以能長且久者以其不自生(천지소이능장차구자이기부자생): 우주가 영원한 까닭은 개별적 자아를 만들어내지 않기 때문이니,

故能長生(고능장생): 그 때문에 영원할 수 있다.

是以聖人(시이성인): 따라서 성인은

後其身而身先外其身而身存(후기신이신선외기신이신존): 자신을 뒷전으로 하는데도 (사람들이) 앞세우고, 자신을 버리는데도 (오히려) 자신을 보존하게 되는 것이다.

非以其無私邪故能成其私(비이기무사사고능성기사): (그렇게 되는 것은) 바로 사욕이 없기 때문이니, 그 때문에 '나'를 완성시

킬 수 있다.

세상을 살아가면서 상식적으로 얼른 납득이 되지 않는 것이 바로 '죽음으로써 살아나는 이치'이다. 어찌 죽는데 도로 살아날 수 있겠는가. 하지만 실제로 그런 경우는 허다하다. 물론 죽음의 주체는 자신이다. 스스로 자신을 죽이는 것임은 두 말할 필요조차 없다는 뜻이다.

필자는 앞에서 여러 차례 진리가 살아 있는 생명임을 역설했다. 개별적인 생명이 온 우주를 호흡하면서 살아가는 것은 온 우주 그 자체로 살아 있는 생명이기 때문에 가능한 일이다. 육안으로 보면 티끌 하나 없는 허공이라 할지라도 실제로는 생명에너지가 충만하다. 그러므로 이 세상에 죽은 물건은 하나도 없다. 모두 살아 있다. 심지어 앞에 놓여 있는 책상이나 돌멩이조차 모두 살아 있다. 물론 돈도 살아서 움직인다. 돈을 이야기하다 보니 마침 얼마 전에 전해들은 재미있는 이야기가 생각난다.

어느 날 만 원짜리 지폐와 천 원짜리 지폐가 길에서 우연히 만났다. 서로 반갑다는 인사를 나누었고, 천 원짜리 지폐가 만 원짜리 지폐에게 물었다. "그동안 너는 어떻게 지냈니?" 만 원짜리가 대답을 했다. "나? 나는… 경마장도 갔다가 야구장도 가고, 또 유람선도 타면서 그렇게 지냈지. 너는?" 이번에는 천 원짜리 지폐가 대답을 했다. "나야 뭐 절에도 갔다가 교회에도 갔다가 성당에도 가고 그랬지…"

물론 웃자고 의인화하여 만들어낸 이야기일 것이다. 그러나 아담 스미스가 '보이지 않는 손'을 이야기한 것도 보이는 현상 너머의 생명력에 닿아 있는 이론이지 않겠느냐는 것이다. 어찌 돌과 나무라 해서, 바람이나 구름이라 하여 생명력과 무관할 수 있겠는가. 또한 돌이 마모되는 것과 사람이 늙어 사그라지는 것도 같은 현상으로 이해할 수 있는 건 아닐까? 그런데 우리가 그토록 죽음을 거부하고 삶을 열망하는 것은 돌처럼 당연히 마모되도록 되어 있는 육신이 아니고 무엇이란 말인가. 따라서 노자가 말하는 죽음으로써 사는 이치는 한계성을 지닌 개별적인 존재를 죽인다는 뜻이다. 개별적 존재가 죽어야 영원성의 전체로 살아나기 때문이다. 그것이 바로 천지가 영원한 까닭이며 성인의 가르침이 영원한 생명력을 지니는 이유이다. 결국 행복이란 그 영원한 생명력을 얻음으로써 맛볼 수 있는 환희로움이기 때문이다. 본문을 통해 좀 더 자세히 설명하기로 한다.

"우주는 영원하다(天長地久)."

형체를 이룬 물질인 땅과 그 형체를 이루고 소멸시키는 원리라 할 수 있는 하늘은 영원하다. 다시 말해서 온 우주는 끝없이 계속된다. 왜 그런가?

"우주가 영원한 까닭은 개별적 자아를 만들어내지 않기 때문이니, 그 때문에 영원할 수 있다(天地所以能長且久者以其不自生故能長生)."

우주, 즉 법계가 영원할 수 있는 까닭은 법계 자체가 스스로 (나)를 만들어내지 않기 때문이다. 즉 무아이기 때문이다. 그러므로 영원할 수 있다. '나'를 만들어내면 만들어지는 순간 이미 소멸을 전제로 한다. 불교의 12연기법에 있어서도 태어남은 존재계에 들었기 때문이라는 것과 같은 맥락이다. 존재계란 바로 상대세계를 말하며 유한한 세계를 일컫는다. 상대유한세계는 '나'와 '너'로 마주하는 세계를 말한다. 따라서 죽지 않고 영원히 사는 방법은 태어나지 않아야 한다. 태어나지 않는 방법은 개별적 자아로 인식하여 고집하는 아상我相을 없애야 한다. 그뿐만 아니라 진리라고 여겨 고집하는 모든 앎으로부터도 해방되어야 한다. 그 두 가지는 앞에서 수없이 설명했던 온갖 프로그램들이다. 주인이라 여기고 집착하고 있지만 사실은 객이다. 객이면서 주인행세를 해 온 도적이며 강도이다.

그러나 '나'라고 하는 관념과 앎으로 집착했던 것들이 사라지면 실제로 진실한 세계가 드러난다는 사실을 이해하기란 결코 쉽지 않다. 그렇지만 명상을 통해서, 혹은 무엇인가에 몰입되어 스스로를 완전히 잊었을 때 직면했던 새로운 세계를 떠올려본다면 조금은 이해할 수도 있을 것이다. 기존에 지녔던 모든 관념은 온 데 간 데 없고 오직 환희만 남아 있었던 기억이 한 번쯤은 있었을 것이다. 그때 역시 기존의 자아는 사라지고 새롭게 출현한 또 다른 자아의 모습이라 할 수 있다. 진실, 즉 영원한 자리는 그것으로도 설명하기엔 역부족이다. 그래서 진리의 세계, 즉 진여眞如는 말로 설명할 수 없다고 한다.

"따라서 성인은(是以聖人)"

"자신을 뒷전으로 하는데도 (사람들이) 앞세우고, 자신을 버리는데도 (오히려) 자신을 보존하게 되는 것이다(後其身而身先外其身而身存)."

성인은 우주와 같은 흐름을 타고 자연으로 살아가는 존재이다. 개별적 '나'를 만들어내지 않는다는 뜻이다. 산천초목도 알고 강아지도 알고 있는 사실을 사람이 어찌 모르겠는가. 자신을 버린 사람에게서 나는 향기를 어찌 맡지 못하겠느냐는 말이다. 그 향기를 '덕향德香'이라 한다. 덕의 향기는 바람도 거스른다고 하였다. 또 아무리 멀어도 이르지 못하는 곳이 없다고도 하였다. 주변에서 시작되어 멀리멀리 퍼져나가는 것이 바로 덕의 향기란 뜻이다. 그러므로 자신을 버렸으나 사람들은 그를 앞세우고 따라간다. 그것이 덕화德化이다. 덕으로 변화시킨다는 뜻이다.

그뿐만 아니라 자신을 챙기지 않으나 온전하게 보존된다. 자신의 몸과 정신이 환(幻; 그림자)이고 물거품임을 아는 존재가 성인이다. 그러므로 성인은 물거품이나 그림자인 것에 집착하지 않는다. 도둑놈이나 강도에게 부림을 당하지 않는다는 뜻이다. 그렇기 때문에 오히려 진정한 주인공이 주인의 자리를 찾게 되는 것이다. 주인이 주인 자리에 앉게 되는 것, 그것이 바로 스스로를 보존함이다.

"(그렇게 되는 것은) **바로 사욕이 없기 때문이니, 그 때문에 '나'를 완성시킬 수 있다**(非以其無私邪故能成其私)."

자신을 버리거나 본인이라고 여겨지는 것들을 무시했는데도 사람들이 따르고 온전한 삶을 살 수 있는 이유는 무엇이겠는가?

노자는 그 이유를 '사욕이 없기 때문'이라 하였다. 사욕은 바로 거짓 나로부터 나오는 것이다. 사私란 개체이고, 개체를 진실로 여겨 집착하는 것이 바로 탐욕이다. 개체를 진실로 여기는 자체는 어리석기 때문이다. 지혜롭지 못하다는 뜻이다. 반야의 지혜가 제 빛을 뿜어내지 못하기 때문이다. 또한 개체를 자신으로 여기고 집착하기 때문에 그것에 맞지 않은 환경과 직면했을 때 분노한다. 따라서 탐내고 성내고 어리석은 모두를 진실을 가리는 독毒이라 한다. 불교에서 그 셋을 삼독심三毒心이라 하여 경계하는 이유도 그 때문이다.

그 삼독심을 제거하는 방법, 즉 사욕을 버림으로써 개체의 '나'에서 벗어나는 길을 수행이라 한다. 수행의 종착역은 진아眞我로 거듭나는 것이다. 행복인으로 다시 태어나는 일이다. 우주와 더불어 영원한 삶을 사는 길이다. 환희의 나이며 물들지 않는 나로 태어나는 일이다. 그것이 바로 진정한 '참나'의 완성이다.

따라서 불교의 궁극인 열반(涅槃; 행복, 완성, 해탈)을 설명함에 있어 영원성(常; 항상됨), 환희(樂; 즐거움), 참나(我; 진아), 순수(淨; 물들지 않음)로 표현한다(『열반경』). 열반이야말로 진실로 완성된 모습이며 행복의 다른 이름이라 할 수 있다.

잠시 쉬어가는 의미에서 욕망에 대한 경책의 의미를 담고 있는 에스키모인의 지혜를 소개하고자 한다.

텔레비전에서 에스키모인들이 늑대를 잡는 방법이 방송되었는데 그 내용이 충격적이었다. 그들은 매우 예리하고 뾰족한 칼날에 피를 묻혀 그것을 얼린 다음 늑대가 다니는 길목에 거꾸로 박아둔다고 한다. 그러면 피 냄새를 맡은 늑대들이 그 얼어버린 칼날을 혀로 핥게 되고, 마침내 칼날에 늑대의 혀가 베인다고 한다. 하지만 늑대는 이미 얼음으로 인해 혀의 감각이 마비된 상태이므로 자기 혀가 베이는 줄도 모른다고 한다. 결국 계속 피를 핥아먹지만 그 피는 자신이 흘리고 있는 피이다.

늑대는 자신의 혀가 너덜거릴 때까지 칼을 핥게 되고, 급기야는 과다출혈로 사망에 이른다는 것이다.

*해설 이 내용은 천지는 영원하지만 사람이 영원히 살 수 없는 까닭은 욕망 때문이며, 욕망은 자신을 죽일 뿐만 아니라 주변까지 죽인다는 의미심장한 교훈을 담고 있다.

7장의 일반적인 풀이: 사욕이 없어야 '나'를 완성한다

우주는 영원하다.
우주가 영원한 까닭은
개체로서의 자아를 만들어내지 않기 때문이니,
그 때문에 영원할 수 있다.
따라서 성인은
자신을 뒷전으로 하지만
오히려 사람들이 그를 따르게 되고,
자신을 버리는데도
오히려 스스로를 보존하게 되는 것이다.
그렇게 되는 까닭은
사욕이 없기 때문이니,

그 때문에 '참나'를 완성시킬 수 있다.

 7장의 불교적인 풀이: 무아가 되어야 진아로 거듭난다

법계는 영원하다.
법계가 영원한 까닭은
전체를 한 몸으로 삼는 까닭이니,
그 때문에 영원할 수 있다.
따라서 불보살은
거짓 나를 돌보지 않음으로써 인류의 스승이 되고,
거짓 나를 버림으로써 참나로 거듭난다.
참나로 거듭날 수 있는 까닭은
무명을 밝힌 덕분이니,
그 때문에 불보살로 거듭날 수 있다.

행복이란… 본성을 따르는 것

제8장 진리로 살려거든 물처럼

上善若水(상선약수): 최고의 선(진리를 행하는 것)은 물과 같다.

水善利萬物而不爭(수선리만물이부쟁): 물은 만물을 이롭게만 하고 다투는 법이 없으며,

處衆人之所惡(처중인지소오): 뭇 사람들이 싫어하는 곳에 처한다.

故幾於道(고기어도): 그렇기 때문에 (물에서) 도를 가늠할 수 있다.

居善地(거선지): 머물기는 (물이 낮은 곳을 흐르듯이) 땅처럼 낮아지며,

心善淵(심선연): 마음상태는 (연못이 깊고 고요하여 동요가 없듯) 못처럼 고요하고,

與善仁(여선인): (남과) 더불어 함께 하면 사랑을 베푼다.

言善信(언선신): 말을 하면 너무나 미덥고,

正善治(정선치): 바로잡으면 잘 다스려지게 하며,
事善能(사선능): 일을 함에는 최선을 다해 능동적으로 임하고,
動善時(동선시): 움직일 때는 시기를 잘 맞춘다.
夫唯不爭故無尤(부유부쟁고무우): 오직 다투지 않으므로 허물이 없다.

이 장에서는 진리를 물에 비유하고 있다. 상선上善, 즉 최고의 선이란 진리를 상징하는 또 다른 언어이다. 최고의 선이란 절대선이고, 절대선은 곧 사랑인 동시에 생명이고 빛이다. 물의 속성도 진리와 같아서 만물을 기르는 작용이 닮아 있다. 결국 모두를 살리는 길이 나를 살리는 길이고, 나를 살리고자 하면 남을 살림으로써 가능하다고 하는 보편적 메시지라 할 수 있다. 실제로 '나'만 행복하면 그만일 것 같아 그 길을 간 사람이 끝내 행복했던 경우는 유사 이래 단 한 번도 없었다. 지금부터 물처럼 산다는 것이 어떠한 의미인지 본문을 통해서 가늠해 보기로 한다.

"최고의 선(진리를 행하는 것)은 물과 같다(上善若水)."
"물은 만물을 이롭게만 하고 다투는 법이 없으며(水善利萬物而不爭)"

아이가 태어나면 주변에서 은연중에 강요하는 것은 아마도

'착한 아이'일 것이다. 주변에서 아이의 어떤 행동이나 말을 보고들을 때면 늘상 따라붙는 말이, "안 돼!" 혹은 "착하네!"이기에 하는 말이다. 심지어 얼마 전에 읽은 기사 가운데는 '착한 여자 콤플렉스'라는 것도 있다고 한다. 듣기만 해도 기분이 좋아지는 단어 '착하다'가 사람의 삶을 오히려 무겁게 하거나 고통스럽게 만드는 데는 이유가 있다. 너 나 할 것 없이 '착하다'고 말하거나 "착해야겠다"고 생각하면서도 정작 당사자조차 정확한 뜻은 모르고 사용하기 때문이다.

『역』「계사전」에 "일음일양지위도계지자선야一陰一陽之謂道繼之者善也"라 하였다. 즉 음이 있으면 양이 있고, 여자가 있으면 남자가 있으며, 긴 것이 있으면 짧은 것이 있는 것, 그것이 바로 이치이고, 그것이 바로 진리이며, 그 진리를 계승하는 것이 바로 선善이라는 뜻이다.

기독교 성서에서도 하느님을 '선하다'고 표현하고 있는데, 마르코복음 10장, 17-20절에 보면, 어떤 사람이 달려와서 예수님을 '선하신 선생님'이라고 호칭하자, 예수님은 "누가 날더러 선하다고 하느냐? 이 세상에 선하신 분은 오직 하느님뿐이다"고 하는 내용이 있다. 노자도 그와 마찬가지로 진리를 선이라고 표현하고 있는 것이다. 그러므로 상선이란 최고의 선이란 뜻이므로 곧 진리를 상징한다고 할 수 있다. 따라서 진리는 바로 물과 같다는 뜻이다.

또한 진리가 물과 같다는 것은 공자의 이른바 "군자불기君子不器"로써도 이해할 수 있다. 여기에서 군자가 의미하는 것은 성인이다. 이 문구를 해석할 때 대체로 "군자는 그릇처럼 국한되지 않는다"고 풀이한다. 그러나 불교적으로 접근하면, "군자는 틀을 지니지 않는다"고 해석하는 편이 오히려 이해하기 쉽다. 정해진 틀이란 일종의 집착할 그 무엇이다. 아집이고 법집(法執; 앎에 대한 집착)이다. 아집이나 법집이 있는 한 무아나 무상無相일 수 없다. 무아이면서 무상이 되었을 때 비로소 성인, 즉 부처라 할 수 있다는 뜻이다. 아공이란 내가 사라지는 것이고, 법공이란 앎이 사라지는 것이다. 아공과 법공이 되면 자신을 속박했던 모든 프로그램으로부터 벗어나게 된다. 그 말은 더 이상 중생이 아니라는 뜻이다. 그 자체로 자유자재이며 해탈이란 의미가 된다. 그것이 바로 군자불기君子不器이다. 또한 자기가 비워졌을 때, 즉 자신이라 할 만한 아무런 틀도 없을 때, 무아가 되었을 때 비로소 가장 만물을 이롭게 할 수 있고 어느 무엇과도 다투지 않게 될 수 있다. '나'라고 하는 프로그램이 있는 한, 그리고 인식으로 저장된 모든 앎에 대한 집착이 있는 한 중생일 수밖에 없고, 중생은 남과 투쟁하지 않을 수 없다. 따라서 이롭게만 하고 다투지 않는 성인의 모습과는 거리가 멀다.

"뭇 사람들이 싫어하는 곳에 처한다(處衆人之所惡)."

"그렇기 때문에 (물에서) 도를 가늠할 수 있다(故幾於道)."

사람들이 싫어하는 곳은 낮고 천한 곳이다. 그러나 물은 낮은 곳으로만 흐른다. 그뿐만 아니라 모든 인연에 그대로 따른다. 막히면 돌아서 흐르고 패였으면 채우면서 쉬지 않고 흐른다. 그 모든 인연들은 사람들이 싫어하는 바이다. 진리 역시 그와 같아서 한 순간도 멈추는 법이 없고, 어떠한 것도 거부하는 법이 없다. 만물 만사를 거울에 있는 그대로 비추듯이 내치는 법이 없다는 뜻이다. 그러므로 물의 그러한 모습에서 진리를 유추해볼 수 있다는 뜻이다.

"머물기는 (물이 낮은 곳을 흐르듯이) 땅처럼 낮아지며(居善地)"

이 글 아래로 계속 반복되는 선善의 의미는 '잘한다'로 해석하면 무방하다. 그러므로 굳이 착하다거나 잘한다고 해석하지 않기로 한다. 그렇다면 거처하기는 물이 낮은 곳으로 흐르듯이 땅처럼 잘한다는 말은 무슨 뜻인가.

여기서 땅이 상징하는 것은 모든 것을 싣는다는 의미가 내포되어 있다. 만물을 싣고 그것들이 자라도록 북돋는 것에 의미를 둔다.

그런데 만약 '나'가 있게 되면 목덜미부터 힘이 들어간다. 힘이 들어갔다는 뜻은 교만이 있다는 뜻이다. 교만이 있는 사람은 절대로 땅처럼 낮아질 수 없다. 따라서 남을 받아들이기 힘들다.

하지만 '나'가 없다면 하늘이 높고 땅은 낮다는 생각이 없게 된다. 그저 갈 길을 갈 뿐이다. 물이 가는 것은 그저 물에게 주어진 길을 가는 것이다. 무아요 무심으로써 저절로 가게 된다는 뜻이다. 탐심貪心으로 좋아하는 것에 집착하고, 진심瞋心으로 싫어하는 것을 거부하여 분노를 일으키거나, 치심癡心인 어리석음으로 이것저것에 무관심한 마음이 사라져 오직 묵묵히 제 갈 길을 간다. 그렇게 되면 땅처럼 낮은 곳에 임한다고 해서 낮다는 생각이 있을 리 없고, 높은 곳에 이르렀다 하여 교만이 낄 수조차 없다. 이미 높고 낮음이나 좋고 나쁨과 같은 상대시비를 떠난 까닭이다. 그러므로 그러한 사람은 다가오는 모든 인연에 순순히 따르게 된다. 그것을 땅처럼 낮아진다고 표현하였다.

"마음상태는 (연못이 깊고 고요하여 동요가 없듯) **못처럼 고요하고**(心善淵)**"**

또한 마음의 모습은 깊은 못이 고요하듯 그렇게 동요하는 법이 없다. 아무런 계산이나 분별이 없으므로 오직 평화만이 가득하다. 텅 빈 충만이란 뜻이다. 그러므로 그러한 마음은 웬만한 외부의 자극에도 요지부동이다. 그저 자신을 깊이 껴안은 채 그렇세 보는 것을 품어 안을 뿐이다. 진리의 길을 가는 자 역시 깊은 물처럼 그렇게 담담하면서도 초연하게 길을 갈 것이다. 이 또한 무아이면서 무상의 삶을 살아가는 모습을 물에 빗대어 설명한 내용이다. 마음 안에 동요가 있으면, 다시 말해서 '나'라는 의식이 있는 자는 결코 깊은 못처럼 마음의 고요가 이루어질 수 없다. 불교에서 말하는 적멸寂滅이란 깊은 못의 수면처럼 고요하여 동요가 없음을 의미한다.

"남과 더불어 살 때면 사랑을 베푼다(與善仁)."

여與란 글자는 '주다'는 뜻도 있고, '더불다'는 뜻도 있다. 여기서는 남과 함께 한다는 더불다는 뜻으로 해석함이 좋을 듯하다. 따라서 남과 함께 더불어 살 때는 물이 만물을 살리는 것처럼 사랑을 잘 베푼다. 인仁이란 만물을 낳는 마음이고, 만물을 낳는다는 것은 만물을 살린다는 뜻이다.

"말을 하면 너무나 미덥고(言善信)"

말을 함에 있어서는 물이 한결같은 본성대로 흐르듯이 속마음으로 하므로 늘 진실하다는 뜻이다. 반면 겉마음으로 사는 사람은 늘 변덕스럽다. 그래서 항심(恒心; 한결같은 마음)이 없다. 그러나 속마음으로 사는 사람은 본성으로 살기 때문에 항심이 있다. 항심이 있는 사람은 기분에 따라 말이 왔다 갔다 하는 법이 없다. 또 본마음으로 사는 사람은 아끼는 마음에서 사랑의 말이 나온다. 그러므로 그 말을 듣는 사람 역시 사랑의 마음에 감응이 일어난다. 그렇게 본마음끼리 감응하는 관계에서는 불신의 벽이 들어설 틈이 없다.

"바로잡으면 잘 다스려지게 하며(正善治)"

바로잡는 으뜸은 단연 잘 다스리는 데 있다. 바로잡는다면서 오히려 혼란을 초래하는 경우는 대체로 억지를 부리기 때문이다. 억지를 부린다는 건 자신의 이기심으로 통제하려 드는 경우이다. 반면 상대방을 행복으로 잘 이끌고자 하는 마음으로 바로잡으려 한다면 상대방 역시 감응을 일으킨다. 그것이 모두를 살리는 길이란 걸 이미 본성이 감지하기 때문이다. 따라서 잘 다스려진다.

"일을 함에는 최선을 다하고(事善能)"

성인이 일을 하는 모습을 상상해보면 어떠한가? 똑 같은 일을 처음 하는 두 사람이 있다는 가정 하에 상상해보자. 성인은 매우 익숙한 솜씨로 썩 잘 할 수도 있다. 하지만 조금 어색할 수도 있다. 반면 새롭고 처음 접하는 일에 거부감이 생기는 사람, 그래서 밀어내는 마음으로 맞닥뜨리는 사람은 중생이다. 중생은 항상 이래서 힘들고, 저래서 어렵다고 한다. 이래서 할 수 없고, 저렇기 때문에 할 수 없다고 한다. 또한 성인은 마음이 꼬여 있지 않은 사람이다. 그뿐만 아니라 어떠한 상황에서든 마음이 열려 있으므로 능동적이다. 따라서 성인은 최선을 다하고 중생은 힘겹게 억지 춘향으로 따라가게 된다. 그 일의 결과가 어떠할지는 예측하고도 남음이 있다. 이 기회에 다 같이 우리 자신을 한 번 돌아볼 일이다. 과연 나는 한 발 물러서서 멈칫거리며 일(사람도 포함)이나 공부를 대하는 사람인지, 아니면 적극적으로 수용하며 한 발 다가서는 사람인지 말이다.

"움직일 때는 시기를 잘 맞춘다(動善時)."

물은 제가 가는 길을 막으면 돌아서 흐르고 틈이 생기면 잠시의 주저함도 없이 그 틈새를 따라 흐른다. 그러므로 잠시 잠깐도 분별시비로 인하여 시기를 놓치는 법이 없다. 흘러야 할 때와 멈추어서 웅덩이를 메워야 할 때를 분명히 알고 흐른다. 성인의 모습도 그와 같다. 오직 어리석은 사람만이 이리저리 재고 따지다가 자신을 함정에 빠뜨린다. 그 어리석은 사람이 바로 우리네 중생이다. 중생은 무명(無明; 어리석음) 때문에 이기심과 분별심을 일으키므로 나아갈 때도 물러날 때도 계산에서 나오게 마련이다. 그러므로 반야지혜의 빛으로 통찰할 수 있는 안목이 없다.

"오직 다투지 않으므로 허물이 없다(夫唯不爭故無尤)."

물이 다투지 않는 것처럼 성인도 남을 이기려는 마음 자체가 없다. '남'은 중생들이 쓰는 언어일 뿐 성인은 온 우주가 다 제 몸이다. 나와 남이 없으므로 남의 일이 곧 내 일이란 뜻이다. 그러므로 오직 최선을 다하고 마음을 다하는 삶을 살뿐이다. 따라서 허물이 있을 수 없다. 잠시 쉬었다 가기로 한다.

옛날의 참 사람은 그 모습이 의로우면서도 무리를 짓지 아니하고, 부족한 듯하지만 누군가로부터 받아 채우려 하지 않는다. 남과 더불어 함께 할 때는 모난 것 같으나 그렇다고 벽창호처럼 굳어 있지는 않다. 텅 비어서 휑하지만 치장하지는 아니한다. 기뻐하는 듯한 밝은 모습이고, 일에 대해서는 부득이해야 움직인다. 얼굴에 성난 빛이 나타날 만큼 발끈할 때도 있지만, 언제나 덕의 자리에서 베푼다. 세속 사람들처럼 사나울 때도 있고, 고집스러워서 통제하기 어렵기도 하다. 침묵하기를 좋아하는 듯 계속될 때가 있고, 멍하니 말을 잊기도 한다.(『장자』「대종사」)

8장의 일반적인 풀이: 진리로 살려거든 물처럼

진리는 물과 같다.

물은 만물을 이롭게만 하고 다투지 않으며,

뭇 사람들이 싫어하는 곳에 처한다.

그렇기 때문에 물로써 진리를 가늠해볼 수 있다.

머물기는 땅처럼 낮아서 모두를 품고,

마음에는 아무런 계산이나 분별이 없어 못처럼 고요하고,

남과 더불어 살 때면 사랑을 베푼다.

말을 하면 너무나 진실하여 믿게 되고,

바로잡으면 잘 다스려지게 하며,

일을 함에는 최선을 다하여 능동적으로 임하고,

움직일 때는 시기를 잘 맞춘다.

그와 같이 오직 본 마음을 다하기에 허물이 없다.

8장의 불교적인 풀이: 불보살의 삶은 물처럼 사는 것

불보살의 삶은 물과 같다.

물은 중생을 이롭게만 하고 분별시비하지 않으며,

중생들이 싫어하는 곳에도 기꺼이 처한다.
그렇기 때문에 물로써 불보살의 삶을 헤아려볼 수 있다.
머물기는 스스로를 낮추어 모두를 품어주고,
마음은 깊은 못처럼 고요하며,
더불어 살 때는 한없는 자비를 베푼다.
소리 없는 언어로써 모두를 믿게 하며,
법륜을 굴리면 모두가 받아들이게 되고,
움직임은 중도를 행한다.
오직 분별시비를 떠났으므로 허물이 없다.

행복이란… 집착에서 자유로워지는 것

제9장 일을 이루었으면 물러나는 것이 하늘의 길이다

持而盈之不如其已(지이영지불여기이): 붙들고 채우려는 것은 놓아버리는 것만 못하고,

揣而銳之不可長保(췌이예지불가장보): 따지고 날카롭게 군다고 해서 오래 보존할 수 있는 것이 아니다.

金玉滿堂莫之能守(금옥만당막지능수): 금과 옥이 집안에 그득해도 지킬 수 없고,

富貴而驕自遺其咎(부귀이교자유기구): 부귀하다 하여 교만하면 스스로 허물을 끼치게 되나니,

功遂身退天之道(공수신퇴천지도): 일을 이루었으면 물러나는 것이 하늘의 길이다.

세상의 일은 참으로 불가사의하다. 움켜쥐면 지킬 수 있을 것 같지만 오히려 놓아버림으로써 지켜지는 경우가 많다. '내'가 살아 있는 생명체라면 내가 호흡하는 이 우주도 살아 있는 생명체이다. 즉 모든 것은 각자 제멋대로 살아가는 것 같지만 장엄하고도 위대한 하나의 예술품과 같다는 뜻이다.

혹시 한겨울 산에 올라본 기억이 있는가. 한 잎도 남김없이 벗어버린 나뭇가지들을 쳐다볼 때면, "어쩜 이렇게도 완벽하게 조화로운지!…" 하는 감탄사가 절로 나온다. 마치 신의 경지에 이른 화가의 붓끝이 이루어내는 무진장한 조화로움이 허공을 수놓으며 움직이는 느낌이다. 어찌 자연이 이루어내는 신기神技를 사람의 능력으로 따라잡을 수 있겠는가. 이번 장에서 노자가 전하는 메시지는 그 무엇도 인력으로 좌지우지하려 들지 말라는 것이다. 하늘이 마음을 한 곳에 붙들어두지 않듯이 사람도 그렇게 살라고 주문한다. 그것이 바로 자연이고 하늘의 일이기 때문이며, 그 길이 행복에 이르는 문이기 때문이다. 본문을 통해 살펴보기로 한다.

"붙들고 채우려는 것은 놓아버리는 것만 못하고(持而盈之不如其已)"

붙들고 채우는 자는 '나'라고 하는 것이 진실로 있다고 믿는 자이다. 말하자면 나와 세상을 별개로 보는 사람이라 할 수 있다. 그러므로 이런 사람은 세상으로부터 나를 지켜야 하고 나의 삶을 세상에 드러내고자 한다. 따라서 경쟁심이 솟는다. 조금 더 가져야 한다는 생각이 꼬리에 꼬리를 물게 된다. 그것이 탐욕으로 나타난다. 바로 탐심이라고 하는 독이다. 그 욕망을 채우지 못하면 화가 나므로, 그것 역시 진심瞋心이라고 하는 두 번째 독이다. 마지막으로 저것이 욕심을 내야 할 것인지 아닌지도 모르는 경우도 있다. 그것이 치심癡心이라는 독이다. 이러한 세 가지 독(三毒心)은 모두 '나'라고 하는 물건을 만들면서 비롯된다. '나'를 만들었기 때문에 그 나를 위해 끊임없이 집착하고 채우려 한다는 뜻이다. 삼독심의 해악에 대하여 좀 더 구체적으로 살펴보면 다음과 같다.

첫 번째인 탐욕에는 기본적으로 다섯 가지가 있다. 식탐(먹을 것에 대한 집착), 색탐(이성에 대한 집착), 재물탐(돈에 대한 집착), 수면탐(잠에 대한 집착), 명예탐(이름내는 것에 대한 집착)이 그것이다. 두 말할 것도 없이 이러한 탐욕은 끝내 화를 부르게 되어 있다. 두 번째 성냄의 독은 과학이 이미 그 해악을 밝힌 상태이다. 화가 치밀면 몸에서 아드레날린이라는 호르몬이 분비되고, 이것은 혈관계를 위태롭게 한다. 그뿐만 아니라 분노의 불길은 화기火氣를 머리로 끌어올리게 된다. 머리카락은 빠지고 두통까지 생기며 심각한 경우에는 뇌졸중까지 올 수 있다. 그 영향으로 따뜻해야 할 하복부의 단전이 차가워지게 된다. 단전이 차면 하복부 중요 장기를 보호하려는 보상기전이 발동하고, 그것은 아랫배에 지방의 옷을 입게 하여 점점 복부비만이 된다. 단전이 따뜻하면 양옆에 자리한 신장의 물 기운을 위로 올려주어 온 몸에 혈행血行이 원활하지만, 단전이 차서 그 기능이 원활하지 못하게 되면 사지는 차고 피부는 건조해진다. 대략 살펴보아 이 정도이지 실제로 분노는 혜안慧眼을 막아 지성을 마비시키므로 그 해악은 이루 헤아리기조차 어렵다. 마지막으로 어리석음(癡)에 대한 해악 또한 모든 업을 짓는 근본이 되므로 더 거론할 필요도 없다.

즉 거짓 나에 의한 집착으로 욕심을 부리다 보면 결국 자신을 망치게 되므로, '거짓 나'가 더 이상 활개치지 못하게 막는 편이 낫다는 뜻이다. 거짓 나의 어리석음은 더욱 더 잘 살기 위해, 즉 삶을 누리기 위해 붙들고 채우려 하지만 그 결과는 오히려 자신을 더욱 고통스럽게 할 뿐이다.

그러므로 노자는 진정 잘 살고자 한다면, 행복하고자 한다면 만들어 놓은 '나'를 내려놓으라고 주문한다. 스스로를 내려놓는 것은 바로 무아로 돌아가는 것이다. 무아로 돌아간다는 것은 거짓 나의 속박과 조종에서 벗어나 진실한 참나가 주인공이 된다는 뜻이다.

다시 말해서 나를 만들어놓고 그 나를 위해 집착하고 채우려고 하는 것보다 모든 집착에서 벗어나 하늘에 맡기고 저절로 되게 하는 길이 진정 행복에 이르는 길이라는 뜻이다.

"따지고 날카롭게 군다고 해서 오래 보존할 수 있는 것이 아니다(揣而銳之不可長保)."

췌揣는 잰다는 뜻이다. 잰다는 것은 어떤 것이 더 좋은가를 따져본다는 뜻이다. 그리고 예銳는 날카로움이며, 이 세상에서 배운 지식으로 분석한다는 뜻이다. 앞에서 배운 『노자』 4장의 내용에 의하면 진리는 "그 날카로움을 무디게 하고 그 얽힌 것을 풀어준다〔挫其銳 解其紛〕"고 하였다. 그것이 바로 "빛과 어울리어 먼지와도 하나가 되는〔和其光 同其塵〕" 길이다. 그러므로 재고 날카롭게 군다는 것은 바로 앎(지혜가 아닌 지식)을 통해서 '나'라고 하는 자기 자신을 위하는 것임을 알 수 있다.

즉 분별심으로 헤아리고 따져가며 아무리 자신을 잘 보호하려고 해도 그보다 뛰어난 대상에 의해서 잃어버리게 된다는 뜻이다. 잘 지키려고 하면 할수록 오히려 더욱 세간에 노출될 수밖에 없는 것이 세상의 이치이다. 가장 잘 따지고 예리한 사람은 자신의 영역이 극도로 적은 사람이다. 물샐 틈 없이 완벽하게 나와 남을 구별하면 할수록 더욱 더 적이 많아진다. 적이 많으므로 더욱 더 위험에 노출된다. 따라서 외로운 투쟁이 시작된다. 반면에 '나'라고 하는 기준이 적으면 적을수록 전체와 소통이 되는 삶이다. 숫제 성인과 같이 '나'라고 하는 틀이 없게 되면 지키고 말 것조차 사라진다. 잠시 장자와 함께 쉬어가기로 한다. 「대종사」편의 한 자락이다.

배를 골짜기에 감추고 그물을 못에 숨겨두고 그것으로 안전하다고 생각한다. 그러나 한밤중에 힘센 장사가 나타나 그 배를 업고 달아난다. 어리석은 자들은 그것을 모른다. 작은 것을 큰 것 속에다 숨긴다고 해도 가져가버릴 데가 있다. 하지만 만약 온 세상을 세상 속에다 숨긴다면 가지고 달아날 곳이 없게 된다. 이것이 영원한 만물의 실상이다.

희랍신화의 신들이 신성神性을 인간의 마음속에 감추었다고 하는 내용과도 의미가 통하는 내용이다. 풀어보면 다음과 같다.

신과 인간의 구분이 없던 시절 인간들이 신들의 영역을 침범하는 것을 불쾌하게 여긴 신들이 회의를 하였다고 한다. 문제는 인간들이 지니고 있는 신성神性을 어디다 감추면 좋을 것인가였다. 한 신이 말하길, "깊고 깊은 골짜기에 감추어서 인간들이 찾지 못하게 합시다" 하였다. 다른 신이 말하였다. "인간들이 얼마나 지독한데 그것을 찾지 못하겠소?" 또 다른 신이 말하였다. "깊고 깊은 바다 속이라면 문제없을 것이오." 다른 신이 그 말을 받았다. "어림없소. 인간들이 찾아내고 말거요." 이때 조용히 듣고 있던 착한 신이 말하였다. "그렇다면 그것을 인간들 마음속에다 감추는 것이 어떻겠소? 그래서 착한 사람은 신성을 쓸 수 있게 하고 악한 사람은 영원히 신성을 쓰지 못하게 하는 것 말이오." 모든 신들이 동의했고 그 결과 오늘날까지도 우리의 내면에 신성이 존재하게 되었다는 이야기다.

"금과 옥이 집안에 그득해도 지킬 수 없고(金玉滿堂莫之能守)"

『명심보감』에서는, "금은보화를 집안 가득 물려주어도 자손이 그것을 지킬 수 없고, 책을 집안 가득 물려주어도 자손이 그것을 다 읽지 못한다. 그러므로 오직 음덕을 쌓아서 자손을 위한 계책을 삼도록 하라"고 하였다.

필자에게는 유년시절 이해할 수 없었던 기억의 한 자락이 있다. 아주 돈 많은 고모님이 한 분 계셨는데 어느 날 함께 버스를 탄 적이 있었다. 그 고모의 가방에는 현금이 한 가득 들어 있었는데 고모님께서는 버스에 오르자마자 가방을 머리 위에 있는 선반에 던져두셨다. 어린 마음에 필자는 어안이 벙벙해졌다. 잃어버리면 어쩌나 하는 마음에 적잖이 당황했었다. 그런데 한 숨 잘 주무신 고모님께서는 내릴 때가 되자 아무 일도 없었다는 듯 그 가방을 찾아서 들고 내리셨다. 물론 왜 그렇게 하셨느냐고 묻지 않을 수 없었고, 고모님께서는 '그것이 가장 잘 지키는 방법'이라 하셨다.

집안에 금은보화가 많으면 많다는 사실이 드러날 수밖에 없는 것이 세상 이치다. 귀한 것들을 지키기 위해 울타리에 철조망이 쳐지고 경계 또한 삼엄해진다. 그 모습이 도리어 세상 사람들의 이목을 집중하게 하고, 때로는 빼앗고자 하는 욕망을 일으키게도 만든다. 일단 세상 누군가의 욕망에 걸려들면 끝내는 곤란한 지경에까지 이르기도 한다. 금은보화를 빼앗기는 것에 그치지 않고 사람에까지 화禍가 미치기도 한다.

그러나 그 재물의 주인이 무소유無所有, 즉 개인의 것이라는 생각이 없다면 사정은 달라진다. 소유 개념이 없는 사람은 있다는 생각조차 없으므로 잃어버릴 것을 염려하지도 않는다. 따라서 경계하지도 않으므로 다른 사람들조차 그에게 재물이 있다고 여기지 않는다. 그뿐만 아니라 소유 개념이 없는 사람은 자신에게 맡겨진 재물을 이웃들과 함께 하는 데 망설임이 없다. 따라서 이웃들 역시 개인의 재물이라 하여 탐내지 않게 된다. 심지어는 그 재물을 소유한 사람을 지켜주려는 사람조차 생겨나게 된다. 그것이 또한 세상의 인심이다. 결과적으로 금은보화를 잃을 염려는 물론 사람이 상할 염려도 사라지게 된다. 이것이 바로 무아無我요 무소유無所有의 삶의 실천인 것이다.

"부귀하다 하여 교만하면 스스로 허물을 끼치게 되나니(富貴而驕自遺其咎)"

『서경』에 이르기를, "오직 덕德만이 하늘을 움직여 아무리 멀다 하여도 이르지 못함이 없으며, 교만하면 덜어내고 겸손하면 더 보태주는 법, 그것이 바로 하늘의 길"이라 하였다.

부자는 돈을 많이 번 사람이고, 귀하게 되었다는 것은 지위가 아주 높이 올라갔다는 뜻이다. 이 둘은 세속에서 너나 할 것 없이 가장 원하는 것이다. 실제로 이 둘이야말로 힘의 상징이며, 그 힘에 의지할 경우 얼마 동안은 의기양양할 수도 있다. 하지만 인정人情만큼 무상한 것도 없다. 궁지에 몰리면 고양이를 물려고 하는 쥐처럼 그 위세에 억눌렸던 만큼 되갚으려 드는 것 또한 인지상정이다. 더욱이 권불십년權不十年이란 말처럼 권력 역시 무상한 것이어서 영원할 수 없고, 힘이 떨어진 이후에는 사정의 칼날을 벗어나기 어렵다. 그땐 그 사람뿐만 아니라 그 주변에까지 허물을 끼칠 수도 있다. 심한 경우에는 그 파장이 한 사회를 혼란으로 몰고 가는 경우도 있으니 얼마나 해악이 심한지는 헤아리고도 남는다.

실제로 이 세상에서 밖에 있는 힘에 의존하는 것보다 어리석은 것은 없다. 이 순간에 생각나는 말이 바로 "무소의 뿔처럼 혼자서 가라"고 하는 『숫타니파아타』의 한 구절이다. 그 말뜻이 어찌 무인고도를 살 듯이 혼자 살라는 뜻이겠는가. 결코 애착으로 얽히지 말고 자유로운 영혼으로 우뚝 서라는 뜻이다. 우리 중생들에게 고통이 오는 것은 바로 '있었던 기억' 때문이 아닐까 생각해 본다.

"일을 이루었으면 물러나는 것이 하늘의 길이다(功遂身退天之道)."

씨앗이 땅에 떨어졌을 때 그 씨앗이 할 일은 싹을 틔우는 일이다. 싹을 틔우고 나면 씨앗이 할 일은 죽는 것이다. 그런데 만약 싹을 틔우고도 살고자 한다면 그건 둘이 함께 죽자는 것과 다름없다. 마찬가지로 제대로 본 줄기가 올라가기 시작하면 싹은 죽어야 한다. 그것이 떡잎의 몫이다. 줄기가 자라서는 꽃을 피워 열매를 맺어야 한다. 열매를 맺으면 모든 잎은 지게 된다. 열매가 맺혔는데도 잎이 지나치게 무성하면 열매로 가야 할 양분을 잎이 차지하는 꼴이 된다. 물론 열매는 다시 씨앗을 남기고 과육은 죽어주어야 한다. 공자가 "싹은 났으나 자라서 꽃피우지 못하는 것도 있고, 자라서 꽃피우기는 했으나 열매 맺지 못하는 것도 있다"고 한 것도 제 자리에서 제 몫을 다하지 못했을 때 초래되는 결과를 지적한 말씀이다. 사람이든 기타 만물이든 각자의 몫을 다하지 못하면 그 다음을 기약하기 어렵다는 뜻이다.

공을 이룬다는 것은 흔히 속세에서 말하는 출세나 성공을 말하는 것이 아니다. 개인에게 주어진 명命, 즉 자기 몫을 다했다는 말이다. 자기 몫을 다했다는 건 개별자가 아닌 전체적인 삶으로 회귀했다는 뜻이다. 그렇게 되면 몸의 삶, 즉 개별자의 삶을 떠나 전체의 삶을 살아야 한다는 의미이기도 하다. 그것이 바로 하늘의 길, 우주와 함께 하는 길이다. 그때 비로소 진정한 자신의 삶을 살게 되는 것이다. 다시 말해서 진정한 자아, 진아眞我로 거듭나게 된다는 뜻이다. 개별자에서도 전체의 삶을 살아낼 때 선물로 주어지는 것이 행복인 까닭이다. 이 세상에 존재하는 모든 개별자는 전체의 질서(진리; 하늘의 길)를 따를 때 가장 행복할 수 있다는 뜻이다. 그것이 참나의 완성인 동시에 내면의 심연深淵에서 '즐거움'이라는 샘이 솟아나게 하는 길이기 때문이다.

따라서 9장의 핵심은 개별적 자신의 몫을 다하고 무아, 무소유의 삶을 실천함으로써 행복을 찾으라는 데 있다. 무아이면서 무소유인 삶은 더 이상 싸울 상대가 사라진 삶이다. 나와 남이 없으므로 경쟁할 상대가 사라진 삶이다. 따라서 지켜야 할 것도 없고 재고 따질 것도 없다. 부귀라 할 것도 없으며 교만할 일은 더더욱 없다. 그때 비로소 완전한 삶, 행복한 삶이 제 모습을 드러낸다. 잠시 장자의 이야기를 한 자락 소개하고 넘어가기로 한다(『장자』「제물론」).

삶을 기뻐한다는 것이 미혹이 아닌지를 내 어찌 알겠소? 죽음을 싫어한다는 것이 어려서 부모를 잃고 돌아갈 길을 몰라 헤매는 자가 아닌지를 내 어찌 알겠소? 여희는 애艾라는 땅에 봉해진 사람의 딸이었는데, 진晋나라가 처음 그 여희를 진나라로 데려갈 때(진나라 왕에게 바치기 위해 처음 이끌려 갈 때)는 울고불고하여 눈물로 옷깃을 적실 정도였으나, 왕의 처소에 이르러 왕과 잠자리를 같이 하고, 고기를 먹으며 생활한 뒤에는 처음 울고불고했던 것을 후회했다 하오. (이처럼) 죽은 사람들도 처음에(살았을 때) 더 살기를 바랐던 일을 (지금은) 후회하지 않는지를 내 어찌 알겠소?

*해설 사람은 너 나 할 것 없이 안주하려는 경향이 강하다. 그러므로 지금 당장 좋다고 여겨지는 것을 좇아가게 마련이다. 하지만 한 치 앞을 모르는 게 사람의 일이다. 법정 스님의 말씀처럼 '버리고 떠나기'를 배울 필요가 있다. 사람을 떠나라는 뜻이 아니다. 의무나 책임을 다하지 말라는 뜻도 아니다. 언제나 사람이 할 일은 '진인사대천명'이다. 다만 내가 집착하는 것들에 대해 마음을 비우는 연습이 필요하다는 뜻이다. 그것이 삶에 대한 집착이든 재물이나 명예에 대한 집착이든.

9장의 일반적인 풀이: 일을 이루었으면 물러나는 것이 진리

집착하여 채우려고만 하는 것은
오히려 놓아버리는 것만 못하고,
재고 따지며 날카롭게 군다고 해서
오래 보존할 수 있는 것이 아니다.
금과 옥이 집안에 그득해도
지킬 수 없고,
부귀하다 하여 교만하면
스스로 허물만 끼치게 되나니,
일을 이루었으면 물러나는 것이 하늘의 길(진리)이다.

9장의 불교적인 풀이: 삶의 완성은 무아·무소유로 사는 것

'나'를 만들어 그것을 채우려는 것은
오히려 나를 버리는 것만 못하고,
분별심에서 비롯된 지식으로는
아무것도 영원히 지키지 못한다.
세속적인 힘이나 권력에 의지하여 교만하면

스스로 허물만 쌓게 되나니,

제 몫을 다하여 전체로 회향시키는 것

그것이 불보살의 갈 길이다.

행복이란… 모든 것이 순조롭고 편안한 것

제10장 모든 것을 이루고도 이루었다는 생각마저 없어야 진리의 덕

載營魄抱一能無離乎(재영백포일능무리호): 영과 혼을 싣고 하나로 껴안아 떨어지지 않게 할 수 있는가?

專氣致柔能嬰兒乎(전기치유능영아호): 기를 온전히 하여 부드러워져 젖먹이와 같이 할 수 있는가?

滌除玄覽能無疵乎(척제현람능무자호): 씻어내고 제거하여 진리의 거울에 비춰보았을 때도 허물이 없을 수 있는가?

愛民治國能無知乎(애민치국능무지호): 국민을 아끼고 나라를 다스리는 데 있어서 무위로 할 수 있는가?

天門開闔能爲雌乎(천문개합능위자호): 흥망성쇠에도 암컷처럼 모든 것을 품을 수 있는가?

明白四達能無爲乎(명백사달능무위호): 밝고 분명하게 사방으로 통달했어도 앎을 드러내지 않을 수 있는가?

生之畜之生而不有(생지휵지생이불유): 낳아서 기르고도 낳기만 할 뿐 소유하지 아니하며,

爲而不恃長而不宰(위이불시장이부재): 행하고도 그것에 기대지 아니하고, 길러주되 마음대로 좌지우지하지 않는 것,

是謂玄德(시위현덕): 그것을 진리의 덕이라 한다.

이 장의 핵심은 첫 구절에 나와 있다. 영백營魄이란 영혼靈魂, 즉 영과 혼을 일컫는다. 모든 사람은 영혼을 소유하고 살아간다. 영이란 우주의식, 즉 우주의 마음을 말한다. 실상 그 자체이며 순수지성이고 반야의 빛, 즉 암마라식(진여심)이다. 그것이 개체에 본성이란 이름으로 깃든 것을 혼이라 한다. 불교의 이름으로는 아뢰야식(생멸심)이다. 업식이란 뜻이다. 즉 개체로 존재하는 부처종자에 업이 드리운 상태이다. 그 혼이 제 빛을 내기 위해서는 순수하여야 한다. 아무런 티끌도 존재하지 않아야 한다. 하나로 껴안는다는 의미는 본성대로 순결하여 아무런 티끌도 없을 때 가능하다. 개별적인 나 자체로 곧 전체인 상태이며 부처가 된 상태이다.

그러나 만약 혼에 티끌이 묻으면, 다시 말해서 업이 붙으면 그 그림자로 인해 하나로 껴안을 수 없다. 두 번째 이하의 문장은 영혼을 하나로 껴안은 사람이 갖추고 있는 기氣, 투명함, 사랑을 실

천하는 모습, 포용력, 겸손, 무소유, 자유로움에 대해 점검하는 내용이다. 즉 첫 질문에 부합할 수 있는 요건을 제시한 내용이란 뜻이다. 그리고 끝 구절에 이르러서는 첫 구절대로 완성되었을 때가 바로 현덕玄德이라 결론지었다. 지금부터 어떤 사람의 모습이 진리를 완성한 현덕의 모습인지 살펴보기로 한다.

"영과 혼을 싣고 하나로 껴안아 떨어지지 않게 할 수 있는가 (載營魄抱一能無離乎)?"

영혼이 하나로 껴안아지려면 업을 소멸하여야 한다. 에고가 사라졌을 때 온전히 자성불이 반야의 빛을 발하게 된다는 뜻이다. 반면 에고, 즉 업식이 존재하는 한 우리는 분별망상을 떠날 수가 없다. 분별망상이란 각자 개인에게 덧칠된 프로그램과 대상이 만났을 때 반응하는 작용이고 한계이다. 프로그램된 그 기준으로 모든 것을 분별하고 판단하는데, 그것이 바로 분별망상으로 나타난다는 뜻이다. 그와 같이 자신이 만들어놓은 색안경을 끼고 세상을 바라보는 개체로서의 부처는 좀체 그 본래의 모습을 온전히 드러낼 수가 없다. 따라서 중생의 업이 소멸되었을 때, 다시 말해서 모든 프로그램이 걷혔을 때 우리는 비로소 삶의 주인공으로 거듭날 수 있다.

"기를 온전히 하여 부드러워져 젖먹이와 같이 할 수 있는가(專氣致柔能嬰兒乎)?"

기氣라는 말은 워낙 여러 가지 의미로 쓰이기 때문에 잘 이해하여야 할 글자이다. 태허일기太虛一氣라고 할 때의 우주의 기도 기氣이고, 개인적인 기질의 기氣도 기이기 때문이다. 앞의 문장에 쓰인 기는 후자의 의미라 할 수 있다. 태허일기의 기는 본래 완전하므로 온전히 할 이유가 없는 까닭이다. 그렇다면 개인의 기운을 온전히 하여 유柔에 이르게 한다는 말은 무엇을 의미할까?

먼저 이 세상에서 가장 부드러운 것은 무엇인가에 대하여 생각해 볼 필요가 있다. 세상에서 가장 부드러운 것은 꺾이지 않는 것이라 할 수 있다. 그렇다면 무엇이 꺾이지 않는 부드러움일까. 적어도 세상에 존재하는 물질로 이루어진 것은 모두 어떠한 방식으로든 꺾을 수 있지 않을까? 적어도 물질이란 고착되어 굳어버린 것의 이름이기 때문이다. 그렇다면 물질이 더 이상 물질이 아님에 이르면 어떠한가? 물질이 궁극에 이르러 비물질에 이르렀을 때를 현대물리학에서는 파동이라고 한다. 파동은 누구도 꺾을 수 없다.

사람 역시 실제는 파동의 상태이다. 끊임없이 진동하고 있는 실체라는 뜻이다. 다만 아집으로 똘똘 뭉쳐 생각이 굳어지면 질수록 점차 우주의 파동과는 그 흐름을 달리하게 된다. 고집이 센 사람이 몸이 많이 굳는 이유도 거기에 있다. 진아眞我, 즉 참나는 실상과 하나로 소통하고, 그 흐름도 우주와 같이 한다. 하지만 '나'와 '내 것'이라고 하는 집착이 생기는 순간 소통은 불통으로 부드러움은 딱딱함으로 변한다.

따라서 모든 것과 소통하여 완전한 부드러움에 이른다는 말은 그 자체로 무아이고 무념이며 무상無相인 상태에 이르렀다는 뜻이다. 중생에서 해탈된 존재로 거듭났다는 뜻이다. 그때 우리는 비로소 어떠한 상황에서도 꺾이지 않을 수 있는 완전한 자유를 얻게 된다. 또한 그때를 가장 부드러운 상태에 이르렀다 할 수 있다.

이러한 부분은 명상을 통해서도 확인이 가능하다. 무심한 상태로 들어가면 갈수록 몸은 모든 주변의 흐름을 타고 진동하게 된다. 더할 수 없이 심신은 편안하고 육신도 잊게 된다. 하지만 '나'라고 하는 상념으로 분별을 떠나지 못할 땐 명상도 안 될 뿐더러 여기저기 저리고 쑤시며, 시간이 경과함에 따라 아프기까지 한다. 그렇다면 사람은 과연 완전한 파동의 상태에 이른다는 것이 가능할 것인가 하는 것이 문제이다.

노자는 그 답을 젖먹이에게서 찾은 것 같다. 젖먹이는 막 태어나서 모든 것이 굳어버리기 전의 어린아이를 말한다. 그러므로 젖먹이는 사람 가운데 가장 부드러운 상태에 있는 아이라 할 수 있다. 실제로 젖먹이들은 우주와 소통이 가능하다고도 한다. 그렇기 때문에 소천문과 대천문이 열려 있는 것이고 그곳을 통해서 호흡도 한다. 따라서 기를 온전히 함으로써 우주의 파동과 그 흐름을 함께 하여 젖먹이처럼 부드러울 수 있겠느냐고 노자는 묻고 있다.

장자 역시 덕이 있는 사람은 아프지도 않다고 했다. 그뿐만 아니라 피부는 얼음 같고 눈처럼 희고 처녀처럼 부드러우며, 바람과 이슬을 먹고 구름을 몰아 용을 타고 세상 밖을 노닐며, 심지어는 빛을 타고 그 모습을 감추어버리는 사람으로 신인神人을 묘사하기도 하였다(「소요유」).

"씻어내고 제거하여 진리의 거울에 비춰보았을 때도 허물이 없을 수 있는가(滌除玄覽能無疵乎)?"

무엇을 씻어내고 제거한다는 말일까? 본래의 모습에 덧칠된 모든 것, 즉 때와 같은 것들이다. 우주와 하나로 연결되어 있었던 모습으로부터 겉돌게 만드는 모든 틀이 바로 제거해야 할 것들이라 할 수 있다. 현대 과학적인 언어로는 유전정보이고, 경전의 말을 빌면 습習 내지는 업(業; 까르마)이라고도 할 수 있다.

본래 우리는 밝게 빛나는 투명한 존재였지만 업에 의해 어둡고 탁한 존재로 살아간다. 그래서 우리 중생은 흠 투성이다. 그러한 것들로 인해서 우리들은 저절로 완전하게 살아가는 무위無爲

의 삶에서 이탈하여, 이것저것 따지고 계산하는 유위有爲의 삶을 살게 되었다. 그러므로 노자는 모든 습, 즉 유전정보를 제거하여 현玄이라고 하는 거울에 비추었을 때조차 티끌이 없게 할 수 있겠느냐고 묻고 있다.

현람玄覽이란 현玄이라고 하는 진리에 비춰본다는 뜻이다. 세상의 거울이 아무리 모든 것을 잘 비춰 드러내 준다고 하더라도 어디 진리만한 것이 있겠는가? 우리가 흔히 접하는 모든 거울은 결코 이면까지 비춰주지는 못한다. 그러나 진리 앞에서는 낱낱의 모든 것이 숨김없이 드러나게 되어 있다. 그러므로 이 세상에서 가장 밝은 거울은 바로 현玄, 즉 진리라 할 수 있다. 그것에 비추었을 때조차 흠이 없을 수 있다면 그야말로 자연自然으로 돌아간 것이고, 빛으로 화化 것이며, 온전한 생명의 근원으로 돌아간 것이라 할 수 있다.

"국민을 아끼고 나라를 다스리는 데 있어서 무위로 할 수 있는가(愛民治國能無知乎)?"

국민을 아끼고 나라를 다스리는 사람이 무위가 될 수 있는 길은 무엇인가. 위爲로써 아끼고 사랑하는 것은 의도된 것이다. 미리 계산에 넣고 하는 행동이란 뜻이다. 좀 더 구체적으로 말하면 자신에게 돌아올 이익이나 명예까지 미리 계산하고 하는 행동이라는 뜻이다. 아니면 과시용이거나 허세용일 수도 있다는 뜻이다. 반면 무위로 다스린다는 말은 '내가 그 일을 한다'고 하는 생각조차 떠난 마음일 수 있겠느냐는 물음이다. "왼손이 하는 일을 오른손이 모르게 하라"고 하는 성서의 내용이나 "머무는 바 없는 마음을 내라"고 하는 『금강경』의 내용처럼 그렇게 계산 없이 국민을 아끼고 나라를 다스릴 수 있겠느냐는 물음이다.

다시 말해서 불보살의 마음이 될 수 있겠느냐는 뜻이기도 하다. 따라서 '무위'는 다른 말로 하면 무념무상無念無想, 즉 무심無心에 이르렀을 때 가능하다. 무심 역시 헤아리고 따지는 마음이 없다는 뜻이다. 내가 너를 위해 무엇을 하는 것이 아니라, 아침에 일어나면 세수하고 밥 먹듯이 그렇게 저절로 행한다는 의미이다. 오직 내 몸을 자유롭게 하고, 내 마음이 즐거워서 행하는 것뿐이다. 그러한 사람에게는 이미 남이 없다. 모두 내 몸일 뿐이다. "중생이 아프니 내가 아프다"고 하는 불보살의 마음만 있을 뿐이다. 그러므로 불보살의 마음으로 중생들을 사랑하고 돌볼 수 있겠느냐는 질문으로 바꾸어도 무방한 질문이다.

"흥망성쇠에도 암컷처럼 모든 것을 품을 수 있는가(天門開闔能爲雌乎)?"

천문天門, 즉 하늘 문이란 진리의 문이다. 노자는 진리의 문이 열리고 닫히는 데 있어서 암컷이 될 수 있느냐고 물었다. 진리의 문이 열리는 것은 바름이 행해지는 상태이다. 반대로 하늘 문이 닫히는 것은 바름이 닫히는 상황이라 할 수 있다. 그러므로 천문개합天門開闔이란 흥망성쇠로 이해하면 될 것이다. 흥망성쇠에 당면해서도 마치 암컷이 모든 것을 품듯이, 또는 진리가 모든 것을 품듯이 끌어안고 갈 수 있겠느냐는 질문이다.

불교로 말하면 일이 잘 풀릴 때는 물론이고, 장애로 고난에 처해서도 어머니가 아들을 보듬듯 보살의 마음으로 모든 난관을 극복할 수 있겠느냐는 뜻이다. 불교에서 보살이란 반야, 즉 모든 실상을 꿰뚫어보는 지혜로써 한없이 베풀고〔布施〕, 항상 우주의 질서에 순응하며〔持戒〕, 모든 것을 수용하고〔忍辱〕, 모두를 키워내며〔精進〕, 마음의 평화〔禪定〕를 유지하는 존재이다. 물론 베풀고, 계율을 지키며, 참아내고, 정진과 선정이라고 하는 용어는 중생의 입장에서 쓰는 표현이다. 앞에서 밝힌 것처럼 보살은 부처의 마음이므로 만물 가운데 자신의 몸 아님이 없는 존재들이다. 따라서 중생을 제도한다는, 혹은 중생을 위해 무엇을 한다는 생각이 없다. 그러므로 남에게 무엇을 베푼다는 의미의 보시가 아니다. 또, 중생의 입장에서는 계율을 지키는 것이 되지만 보살의 입장에서는 그대로 하나의 흐름을 따르는 것일 뿐이다. 중생의 소견으로는 고통을 참아내는 인욕이라 할 수 있으나 보살의 입장에서는 인욕이 더 이상 참아내는 일이 아니라 기쁨으로 수용하는 것일 뿐이다. 그 나머지도 마찬가지다.

"밝고 분명하게 사방으로 통달했어도 앎을 드러내지 않을 수 있는가(明白四達能無爲乎)?"

밝고 분명하게 사방으로 통달했다는 말은 모든 것에 모르는 것이 없다는 뜻이다. 모든 것을 훤히 꿰뚫어본다는 뜻이다. 그야말로 반야지혜로써 통찰한다는 뜻이다. 그와 같이 본래의 밝음을 회복하여 온갖 신통력인 육신통(천안통, 숙명통, 누진통, 타심통, 천이통, 신족통)을 구비했는데도 잘난 체나 아는 체 않고 무심하게 살아갈 수 있느냐는 물음이다. 육신통六神通이란 천지간에 모르는 것이 없고, 과거와 미래를 내다보며, 모든 까르마를 다 없앰으로써 해탈되었고, 남의 마음도 손바닥 들여다보듯 다 읽어내며, 천 리 밖에서 나는 소리조차 다 알아듣고, 몸을 원하는 곳에 자유자재로 드러낼 수 있는 힘을 일컫는다. 한마디로 성불하여 부처가 됨으로써 얻어지는 능력이다.

"낳아서 기르고도 낳기만 할 뿐 소유하지 아니하며(生之畜之生而不有)"

중생들은 자신이 만들어내고 기른 것에 대해서 소유하려 드는 경향이 있다. 하지만 천지는 만물을 낳아서 길러놓고도 낳는다는 생각도 내 것이란 생각도 없다. 아무것도 생각하거나 헤아림이 없이 그저 묵묵히 만물을 낳고 기르기만 하는 것이 바로 천지의 일이다.

『법화경』에 역시 "여래께서는 항상 말씀하시길 우리들을 자식이라고 하였다"라는 구절이 있다. 그러므로 이 세상 만물 가운데 여래의 자식 아닌 것은 없다. 그렇다고 해서 여래가 이 세상 만물의 주인이라는 말은 어느 경전에도 나와 있지 않다. 만물은 그 자체로 이미 여래 아님이 없는 까닭이다. 그 때문에 진리의 세계는 그 자체로 평등이고 자유이며, 오직 하나의 맛(一味)이라 한다. 노자가 하고 싶은 말도 불교의 가르침과 다르지 않다. 따라서 영혼을 하나로 껴안은 자 역시 부처와 같은 마음이어야 한다. 천지의 마음과 같아야 한다. 어찌 진리가 낳고 거두는 일을 저 자신의 능력으로 낳고 길렀다 하겠는가.

필자의 지인 가운데 중소기업 대표이사 한 분이 있다. 창업주이기도 한 그는 언제나 이렇게 말하곤 한다. "내가 우리 회사의 주인은 아니야. 우리 회사의 주인은 8,000명 주주들이고 고객들이지. 내가 할 일은 내가 낳은 내 새끼(회사) 잘 기르기만 하면 되는 거야. 그게 하늘이 내게 맡긴 사명이야. 난 그렇게 생각해." 이러한 자세야말로 노자의 "낳아서 기르기만 하고 소유하지는 않는" 정신이라 할 수 있다.

"행하고도 그것에 기대지 아니하고, 길러주되 마음대로 좌지우지하지 않는 것(爲而不恃長而不宰)"

'나'라고 하는 생각으로 행하면 자신이 무엇을 했다는 생각에 사로잡힌다. 그러므로 이루어놓은 그것에 기댈 수밖에 없다. 반면 '나'라는 생각이 없이 무위로써 행하게 되면 기댈 주체가 사라진다. 그러므로 기르기만 할 뿐 상대를 맘대로 좌지우지하려 들지 않는다. 부처님 또한 중생을 낳고 기른다거나, 중생의 어버이라 표현하지만, 실제로 중생과 부처 사이에는 선후개념이나 주종관계가 성립하지 않는다. 부처 안에서는 '나'도 없고 '너' 또한 없는 까닭이다. 오직 한 몸인 부처만이 존재함이 없는 존재로 존재할 뿐이다. 그러할진대 누가 무슨 자격으로 누구를 좌지우지하겠는가.

"그것을 진리의 덕이라 한다(是謂玄德)."

앞에 나왔던 모든 설명은 진리와 함께 할 때만이 가능하다. 그것이 바로 현덕玄德이며 '나'가 없어짐으로써 '참나'로 완성된 존재이다. 우리는 그를 성인이라고 부른다. 신인神人이라고도 한다. 그러므로 노자가 물었던 앞의 모든 질문에 "예!"라고 답할 수 있다면 그 존재야말로 현덕玄德이라 할 수 있다. 불교로 표현하면 열반의 덕이고 부처의 덕이다. 열반의 덕은 모든 번뇌가 꺼지고 난 존재가 얻는 공덕이다. 잠시 쉬었다가 계속하기로 한다. 모든 것으로부터 한 발짝도 나아가게 못하게 할 뿐만 아니라 생명까지도 위협하는 건 '욕심'이다는 교훈을 주는 이야기를 소개하고자 한다.

아프리카 원주민들이 원숭이를 잡는 방법에 대한 이야기이다. 생각해보면 원숭이를 잡는다는 것이 그리 쉬운 일일 것 같지 않다. 하지만 아프리카 원주민들은 원숭이를 매우 손쉽게 잡는다고 한다. 돌처럼 단단한 야자열매에 겨우 원숭이 손이 들어갈 만한 구멍을 내고, 그 속에 원숭이가 좋아하는 견과류를 넣는다고 한다. 그리고는 야자열매에 줄을 매달아 나무에 묶어놓고 기다리기만 하면 된다고 한다. 원숭이는 그 구멍 속으로 손을 넣어 견과류를 양껏 움켜잡고 손을 빼려고 안간힘을 쓰게 되는데 그때 원숭이를 붙들기만 하면 된다고 한다. 원숭이는 야자열매만 놓으면 손이 들어갔던 것처럼 빠져나올 것이고, 그대로 도망치면 잡힐 염려가 없다. 하지만 견과류를 포기할 수 없는 원숭이는 견과류를 잡은 손이 너무 커서 구멍에서 빼지 못할 뿐만 아니라 꼼짝없이 사람에게 잡히고 만다는 이야기이다.

*해설 원숭이를 어리석다고 비웃을 수도 있겠지만 우리들 대부분이 과거에도 현재도 그리고 미래에도 원숭이처럼 그렇게 살아왔고, 또 살아갈 수 있는 존재란 것에 늘 깨어 있어야 할 것이다.

10장의 일반적인 풀이: 모든 것을 이루고도 이루었다는 생각마저 없어야 진리의 덕

영과 혼을 싣고 하나로 껴안아
떨어지지 않게 할 수 있는가?
기를 온전히 하여 부드러워져
젖먹이와 같이 할 수 있는가?
씻어내고 제거하여 진리의 거울에 비춰보았을 때도
허물이 없을 수 있는가?
국민을 아끼고 나라를 다스리는 데 있어서
무위로 할 수 있는가?
흥망성쇠에도
암컷처럼 모든 것을 품을 수 있는가?
밝고 분명하게 사방으로 통달했어도
앎을 드러내지 않을 수 있는가?

낳아서 기르고도
낳기만 할 뿐 소유하지 아니하며,
행하고도 그것에 기대지 아니하고
길러주되 마음대로 좌지우지하지 않는 것,
그것을 진리의 덕이라 한다.

 10장의 불교적인 풀이: 머무는 바 없이 행함이 보살행

중생의 마음으로 부처 이루어
진리에서 떠나지 않을 수 있겠는가?
기를 온전히 하고 천진을 회복하여
젖먹이처럼 될 수 있는가?
씻고 닦아 불성광명에 비추어 보아도
투명할 수 있는가?
중생을 사랑하고 법륜을 굴리는 데 있어서
무상無相으로 할 수 있는가?
중생을 제도함에 잘 따르거나 거부할 때에도
관세음보살의 마음으로 모두를 품을 수 있는가?
육신통을 이루어 두루 통달했어도
반야지혜를 드러내지 않을 수 있는가?

낳아서 길러주고도
무소유로 살 수 있는가?
행하고도 그것에 머물지 아니하고
길러주고도 간섭하지 않을 수 있으면,
그것을 보살의 덕이라 하나니.

행복이란… 텅 빈 충만

제11장 비어 있어야 쓸모가 있다

三十輻共一轂當其無有車之用(삼십폭공일곡당기무유차지용): 서른 개의 바큇살이 하나의 바퀴통을 둘러싸되, 그 비어 있음에 수레의 쓰임이 있으며,

埏埴以爲器當其無有器之用(연식이위기당기무유기지용): 진흙을 빚어서 그릇을 만들되, 그 비어 있음에 그릇의 쓰임이 있고,

鑿户牖以爲室當其無有室之用(착호유이위실당기무유실지용): 문과 창을 뚫어 방을 만들지만, 그 비어 있음에 방의 쓰임이 있게 된다.

故有之以爲利無之以爲用(고유지이위리무지이위용): 그러므로 존재하는 것을 유익하다고 여기지만, (실은) 비어 있어야 (더욱 완전히) 쓸모가 있다.

11장이야말로 불교의 공空사상을 가장 잘 대변하고 있다고 할 수 있다. 비워서 충만해질 수 있는 세상의 이치를 사물에 관련지어 설명하고 있는 내용이기 때문이다. 실제로 "우리가 맞닥뜨리는 모든 것은 그것 자체에 의미가 있는 것이 아니라, 그 이면을 드러내기 위해 일어나는 것"이라는 사실을 잘 보라는 노자의 가르침이라고 할 수 있다. 필자는 11장 본문을 읽으면서 노자의 사랑이 뭉클하게 전달되는 감응이 있었다.

사실 너 나 할 것 없이 삶을 살아내는 동안 우리는 무수히 많은 우여곡절을 겪는다. 심지어는 삶을 포기하고 싶을 만큼의 고통을 겪는 사람조차 있다. 그런데 그렇게 고난을 맞닥뜨리는 경우 대부분 그 고통 자체에 의미를 두는 경우가 많다. 그러나 이 장을 읽으면서 문득 고통은 그것 자체에 의미를 두라고 우리에게 오는 것은 아니라는 생각이 뇌리를 스쳤다. 드러난 것에 의미가 있는 것이 아니라는 뜻이다. 고통이 오면 고통이 오는 이유가 있다는 것이다. 즉 고통의 이면을 위해 고통을 수단으로 선택한다는 의미이다. 그러므로 어떤 사람에게는 사업부도라는 고통을 주고, 어떤 사람에게는 암의 고통을, 또 어떤 사람에게는 '실연'이라는 상실의 고통을 주기도 하는 것은 아닐까? 각자가 자기에게 꼭 필요한 몫으로써 고통을 부여받고, 그것을 극복하는 마음자세를 통해서 그 이면을 충분히 배우라는 의미가 아닐까, 하는 생각이 들었다.

다시 말해서 모든 드러나는 세계의 이면에 비존재로서 존재하는 공空의 도리를 터득하라는 것, 그 다음은 고통의 극치인 생사 문제를 해결하고 자유로워지라는 것, 그리고 끝내 그 시련을 극복했을 때는 모두 원래 그랬던 것처럼 행복해지라는 것이다. 엄청난 역설일 수도 있겠지만 '선물'로 주어지는 것이 시련일 수도 있다는 생각 말이다.

그런 의미에서 본다면 시련은 시련 그 자체로 이미 선물이 되고 있는지도 모른다. 그러나 안타깝게도 필자를 포함한 수많은 사람들은 모두 그 고통 자체에 치중하게 된다. 또한 그것에 붙들려서 선물로 주어지고 있는 그 이면을 볼 여유가 없다. 그것이 또한 너 나 할 것 없이 중생의 한계이기도 하다.

노자의 말처럼 빈 공간을 제대로 사용하기 위해서는 모든 틀이 사라져야 한다. 세간이 단출할수록 공간의 쓰임이 넓어지는 것과 같은 이치이다. 마음도 마찬가지이다. 마음에 깃든 세간은 구름이나 티끌과 같은 것이다. 그런 것들이 걷히면 온전히 밝고 빛나는 반야의 지혜가 드러난다. 밝고 빛나는 반야지혜는 사람을 충만하게 해 준다. 넉넉한 가슴으로 되돌려준다. 이것이 바로 노자가 말하는 무無의 쓰임이라 할 수 있다.

노자의 무無는 불교의 공空과 통하는 개념이다. 공空은 공 그 자체로 충만充滿이다. 완성이고 반야이며 자비이다. 실상의 다른 이름이며 생명과 빛의 다른 표현이다. 그러므로 행복으로 통하는 또 다른 문이라 할 수 있다. 텅 비움으로써 충만해지는 그것이 바로 행복이란 뜻이다. 본문을 통해 살펴보기로 한다.

"서른 개의 바큇살이 하나의 바퀴통을 둘러싸되, 그 비어 있음에 수레의 쓰임이 있으며(三十輻共一轂當其無有車之用)"

지금은 수레가 모두 자동차로 바뀌었고, 자동차 바큇살은 제각각 모양이나 갯수가 다르다. 물론 수레를 이용하던 시절에도 바큇살 숫자는 다양하였었다. 그러므로 바큇살의 숫자에 의미를 부여할 필요는 없어 보인다. 다만 노자가 살았던 시기는 필요에 의해 서른 개의 바큇살을 사용했던 것으로 보여진다. 정작 이 장에서 노자가 하고 싶은 말은 바큇살이 모두 바퀴 통을 둘러싸고 있다고 해서 바큇살과 바퀴통 자체가 중요한 쓰임이 되는 것은 아니라는 점을 말하고자 한 내용이다. 대체로 알다시피 수레바퀴는 바깥에 있는 크고 둥근 원에 박힌 바큇살이 속에 있는 작고 둥근 원통을 향하고 있다. 그러나 정작 그 쓰임은 속에 있는 작은 바퀴통의 내부에 있는 텅 빈 공간이다. 좌우 양쪽의 그 비어 있는 공간을 하나의 축이 가로질러 바퀴를 구르게 한 것이 바로 수레가 무거운 짐을 싣고 갈 수 있는 원리이다.

"진흙을 빚어서 그릇을 만들되, 그 비어 있음에 그릇의 쓰임

이 있고(埏埴以爲器當其無有器之用)"

우리는 흔히 그릇을 보면 그릇의 모양이 쓰임이 되는 줄 착각한다. 그러나 그릇이란 어차피 비어 있는 공간을 쓰고자 만든 것일 뿐이다.

"**문과 창을 뚫어 방을 만들지만, 그 비어 있음에 방의 쓰임이 있게 된다**(鑿戶牖以爲室當其無有室之用)."

집을 짓는 이유는 집 안에 있는 방이라고 하는 텅 빈 공간을 사용하기 위함이다. 그러므로 그 비어 있는 공간이 효율적이어야 함은 두말하면 잔소리일 것이다. 그러나 체면에 목숨 거는 사람들은 겉모양에 치중하느라 정작 내부 공간 활용에는 불편을 겪는 경우도 많다.

"**그러므로 존재하는 것을 유익하다고 여기지만,** (실은) **비어 있어야** (더욱 완전히) **쓸모가 있다**(故有之以爲利無之以爲用)."

사람들은 무엇이든지 많이 채우려고 하는 버릇이 있다. 특히 지식이 그렇다. 또한 많이 알면 그 앎이 항상 유익할 것이라고 생각한다. 그러나 식자우환識字憂患이란 말에서도 알 수 있듯이 아는 것이 오히려 병통인 경우도 많다. 소동파 역시 "인생은 글자를 알 때부터 우환이 시작된다"는 말을 했다고 한다. 필자 역시 "기초식품군이 사람 망친다"는 말을 자주 사용한다. 기초식품군 다섯 가지를 골고루 섭취해야만 한다는 생각 때문에 수많은 사람들이 단백질 공급원으로써 고기를 선택할 수밖에 없도록 내몰린다. 그뿐만 아니라 대부분의 동양인 체질에는 맞지 않는다는 우유까지도 칼슘과 단백질의 공급원이라며 매일 한 통씩 먹도록 강요되다시피 한다. 그러나 실제는 어떠한가? 필자는 2001년 초에 모 방송국의 '잘먹고 잘사는 법'이란 특별기획 프로그램을 본 적이 있었다. 그 제1편에 보면 미국의 하버드대에서 장장 12년에 걸친 오랜 연구 끝에 우유는 칼슘공급원으로서 권장할 만한 식품이 아니라고 하였다. 또, 최근에 지인으로부터 받은 메일에는 미국의 모 대학에서 발표한 암세포에 대한 정보가 있었는데, 공교롭게도 우유를 섭취하면 위장점막에서 점액을 분비시키게 되는데 그 점액을 암세포가 좋아한다는 것이다. 그러므로 우유는 가급적 먹지 말라고 권장하였다. 그러나 현실은 반대로 가고 있다. 더욱 놀라운 사실은 암세포는 사람이 한 평생을 살아가는 동안 수도 없이 만들어지고 소멸한다는 것이다. 그러므로 병원진단에서 암이 발견되지 않는다는 것은 발견 가능한 크기로 자라지 않았다는 뜻일 뿐이라고 한다. 일리가 있는 말이다. 우리 주변을 살펴보더라도 암에 걸렸다가도 정상적으로 회복하는 사람이 있는가 하면, 암 선고를 받자마자 얼마 못 가 생을 마감하는 경우도 있다. 그러고 보면 우리들의 '앎'이라고 하는 것이 이 우주의 정보마당에 견주어 볼 때 빙산의 일각이나 될까 싶다.

물건에 있어서도 마찬가지다. 법정 스님의 『무소유』라는 책에 보면 고급 난蘭 하나 때문에 삶이 번거로워지자 지인에게 선물함으로써 자유로워지는 이야기가 있다. 실제로 우리는 그림이 아름답거나 도자기가 멋지다 하여 그것을 구입하는 경우가 많다. 처음에는 그것들이 자신을 행복하게 만들어준다고 여겨 구입하게 된다. 하지만 시간이 지날수록 애물단지로 전락하거나, 혹은 그 물건에 부림을 당하는 경우까지도 있다.

그렇다고 하여 노자가 아무것도 지니지 말라는 뜻으로 이렇게 수고로이 말한 것은 아닐 것이다. 진실로 그 쓰임이 어디에 있는지 분명히 알라는 뜻에서 한 말일 것이다. 무엇을 위한 드러냄이고 치장인지를 분명히 알라는 말이다. '나'를 위한 선택이 자칫 남을 의식하느라 '나'를 불행으로 몰고 가지는 않는지 생각해볼 일이다. 또 나를 위한 우주로부터의 선물을 감사하기는커녕 도리어 불행으로 여겨 절망하지는 않는지도 생각해볼 일이다. 그러나 그 모든 것에 생각이 미치려면 일단 내 안의 모든 앎을 내려놓아야만 한다. 그것이 바로 비움으로써 누릴 수 있는 선물인 행복이다. 잠시 장자의 이야기 한 편을 소개하고 넘어가기로 한다.

공자가 말했다. “아아! 안 되겠다. 다스리는 방법이 너무 많아서 신뢰를 받지 못할 것이다. 비록 고지식하여 벌 받을 일은 없겠지만, 그렇다고는 하나 그뿐이다. 어찌 상대방을 감화시킬 수 있겠느냐! 아직도 너는 자신의 마음에만 붙들려 있다.” 안회가 말했다. “저는 더 이상 모르겠습니다. 감히 그 방법을 여쭙겠습니다.” 공자가 말했다. “재계하라. 내 곧 너에게 말해주겠다. 마음에 사심을 지니고 있으면서 행한다면 쉽겠는가? 쉽게 여기는 자는 밝은 하늘이 못 마땅해 할 것이다.” 안회가 말했다. “저의 집은 가난해서 술을 마시지도 않고, 자극적인 채소를 먹지 않은 지도 몇 달이나 되었습니다. 이러하다면 재계라 할 만합니까?” 공자가 말했다. “그것은 제사지낼 때의 재계이지 심재心齋, 즉 마음을 가다듬는 것이 아니다.” 안회가 말했다. “감히 심재에 대해 여쭙겠습니다.” 공자가 말했다. “뜻을 한결같이 하여 귀로 듣지 말고 마음으로 들어라. 마음으로 듣지 말고 기氣로 들어라. 귀는 소리만 들을 뿐이고, 마음은 (들어온 것에) 부합하는 데 그치지만 기는 텅 비어 있으면서 들어오는 모든 것을 받아들인다. 오직 도道는 빈곳에 모이니 비우는 것이 바로 마음을 재계하는 것이다.”

*해설 비우는 것의 으뜸은 마음을 비우는 것이다. 그것을 심재心齋라고 한다. 마음이 가난해야 하늘나라에 들어간다던 성서

의 말씀처럼 세간이 하나도 없을 때 비로소 진리, 즉 사랑의 마음으로 가득 찬다. 사랑의 마음이란 진리이고, 우주의 마음이며 부처의 마음이고, 하느님의 마음이다.

11장의 일반적인 풀이: 비어 있어야 쓸모가 있다

서른 개의 바큇살이
하나의 바퀴통을 둘러싸지만
중심이 비어 있기에
수레로 쓸 수 있으며,
진흙을 빚어서 그릇을 만들어도
안을 비워 놓아야
그릇으로 쓸 수 있고,
문과 창을 뚫어 방을 만들어도
속이 비어 있어서
방으로 쓸 수 있다네.
그러므로 무엇이든 있어야
좋은 줄 알지만
사실은 비어야
더 완전히 쓸모가 있다네.

11장의 불교적인 풀이: 마음도 비워야만 베풀게 되나니

서른 개의 바큇살이
하나의 바퀴통을 둘러싸지만
중심이 비어 있기에
수레로 쓸 수 있고,
진흙을 빚어 그릇을 만들어도
안을 비워 놓아야
그릇으로 쓸 수 있으며,
문과 창을 뚫어 방을 만들어도
쓰려는 것은 빈 공간이라네.
그러므로 무엇이든
지니고 있어야
유익한 줄 알지만
마음도 비워야만 (사랑을) 베풀게 되나니.

행복이란… 내면의 사랑에너지를 퍼 올리는 것

제12장 성인은 실제에 충실할 뿐

五色令人目盲(오색령인목맹): 다섯 색깔이 사람의 눈을 멀게 하고,

五音令人耳聾(오음령인이롱): 다섯 소리가 사람의 귀를 먹게 하며,

五味令人口爽(오미령인구상): 다섯 가지 맛이 사람의 입맛을 어그러뜨린다.

馳騁畋獵令人心發狂(치빙전렵령인심발광): 달리며 하는 사냥질이 사람의 마음을 미치게 하고,

難得之貨令人行妨(난득지화령인행방): 얻기 어려운 재화가 사람으로 하여금 거리끼는 곳으로 이끈다.

是以聖人爲腹不爲目(시이성인위복불위목): 그러므로 성인은 배(속에 있는 참나)를 위하지 눈을 위하지 않는다.

故去彼取此(고거피취차): 따라서 저것을 버리고 이것을 취한다.

노장사상에서 가장 이상적이고도 완전한 삶은 '혼돈'이라고 하는 중도中道를 실천함으로써 가능하다. 중도의 삶이란 절대세계를 의미한다. 나와 너로 마주하는 세계가 아니라 우리로 하나가 된 세상이다. 선악과 시비, 호오好惡로 비교하고 분별하는 세상이 아니다. 우주 전체가 한 몸이므로 우주의 흐름을 타고 덩실덩실 춤출 수 있는 환희로운 세상이다. 모든 것이 그 자체로 완전하고 평등하며 절대자유를 누리는 평화로운 세상이다. 이러한 세상은 우주의식이라 할 수 있는 내면의 본성(사랑에너지)을 그대로 발현시킬 때만이 가능해진다. 따라서 그 세상 안에서는 모두가 그 자체로 행복한 삶을 살게 된다.

반면 우리가 중도의 삶인 '혼돈'으로부터 벗어나게 되는 까닭은 감각기관 때문이다. 보고 들으며, 맛보고 냄새맡는 것은 모두 감각기관이 열리면서 비롯되는 것들이다. 감각기관이 열린다는 말은 감각기관을 통해 인식하는 주체가 생겨남을 의미한다. 그러한 세상에서는 모두가 제각각 개체로 존재한다. 모든 것에 서열이 매겨지고 차별이 존재한다. 그러므로 저마다 자신이 마주한 세상과 경쟁을 하지 않으면 안 된다. 항상 남의 눈을 의식해야 하고 세상의 가치판단에 따라가야 한다. 없어도 있는 척해야 하고, 몰라도 아는 척해야 한다. 세상의 가치기준에서 못생겼으면 성형이라도 해야 기를 펴고 살 수 있다. 남이 가진 재주가 없으면 고액을 들여서라도 흉내내야 기 펴고 살아간다. 그러한 삶은 늘 긴장할 수밖에 없다. 아무리 잘났어도 언제 누가 따라잡을지 알 수 없다. 그뿐만 아니라 언젠가 세상에서 도태될 수밖에 없다는 불안감은 잠재의식까지 지배하므로 늘 두렵기만 하다. 따라서 언제나 피곤하고 지친 삶을 살 수밖에 없다.

노자가 이 장에서 전하고자 하는 교훈은 바로 여기에 있다. 전자의 삶을 살 것인가 아니면 후자의 삶을 살 것인가는 우리 각자의 몫이다. 전자는 실제에 초점을 맞추어 내면의 본성을 기른다. 또한 지금 바로 이 자리에서의 삶을 살아간다. 후자는 세상의 가치에 초점을 맞추어 세상의 소리를 듣고, 세상이 말하는 모습을 좇으며, 세상의 입맛을 따른다. 다시 말해서 언젠가 보게 되고, 듣게 되고, 맛보게 될 행복이라는 무지개를 찾아 세상을 떠도는 존재란 뜻이다. 본문에서 살펴보기로 한다.

"다섯 색깔이 사람의 눈을 멀게 하고(五色令人目盲)"

다섯 색은 적, 청, 황, 흑 백으로 비록 다섯을 말했지만 실제는 온갖 색을 말한다. 그 다섯 가지 색은 다섯 가지 욕망, 즉 식욕, 색욕, 수면욕, 재물욕, 명예욕과도 연결된다. 중생이라면 정도의 차이가 있을 뿐 누구나 더 좋은 음식을 먹고 싶어한다. 더 매력 있는 이성과 함께 하기를 좋아하고, 좀 더 안락하고 싶으며, 많은 재물을 얻고 싶어한다. 또 더 많은 사람의 존경과 찬사를 받고 싶은 것은 인지상정이다.

그런데 이 모든 것들이 단지 생명활동 차원을 떠나 집착으로 변질되면 그 순간부터 욕망으로 둔갑한다. 욕망의 차원으로 진입하게 되면 너 나 할 것 없이 진실을 보는 눈이 멀게 되어 있다. 다시 말해서 물질적인 세계에 심취함으로서 물질세계를 있게 하는 그 이유를 잃어버리게 된다는 뜻이다. 그런데도 이 모든 유혹을 살뜰하게 물리치고 오늘날 수많은 한국인들의 찬사와 존경을 받는 인물이 있어 잠시 소개하고자 한다. 컴퓨터 바이러스 백신을 한국인에게 무상으로 공급하는 안철수 교수이다.

필자는 몇 년 전 모 방송을 통해서 안철수라는 인물의 이면을 깊이 알게 되었다. 그는 힘든 상황에서도 신념을 돈과 바꾸지 않았다고 한다. 아주 오래 전 그가 창업한 회사가 위기에 직면했는데, 당시 미국의 한 회사에서 2,000억을 제시하며 그가 개발한 백신 프로그램을 사겠다고 했단다. 그는 그다지 길게 생각하지도 않고 곧바로 "싫다"고 대답해 상대를 깜짝 놀라게 했단다. 그의 신념은 본인이 개발한 바이러스 백신을 한국인에게만큼은 무상으로 공급하겠다는 것이었기 때문이다. 그때 그 프로그램을 본 지인 가운데 한 사람이 필자에게 전화를 걸어와 그 사람이 성인聖人인 것 같다고 했던 것을 기억한다. 그는 태어나서 한 번도 남에게 화를 내 본 적이 없다고 했다. 그것을 반증이라도 하듯이 그는 언제나 정돈되고 평온한 얼굴이다. 그렇다보니 주변에서 그렇게 평가하는 것도 무리는 아니다 싶었다. 게다가 그는 조금만 여유가 생기면 대부분 치는 골프채조차(골프가 나쁘다는 뜻은 아니다) 잡아본 적이 없단다. 또한 주변 사람들을 함부로 대한 적도 없다고 한다.

더욱 놀라운 사실은 그가 자신이 창업한 회사를 굳건한 반석 위에 올려놓은 순간, "좀 더 많은 사람을 위한 삶을 살아야겠다"고 생각했다는 것이었다. 그 말을 듣는 순간 필자는 그와 같은 사람이 이 나라에 30명쯤 있었으면 좋겠다는, 다소 어린아이와 같은 바람을 가졌었다. 그리고 존경심에 저절로 고개가 숙여졌었다.

사실 컴퓨터 사용자라면 언제나 무상으로 제공받는 바이러스 백신을 사용하면서 그에게 감사하지 않을 사람이 어디 있겠는가. 또 그의 성실함과 겸양의 미덕에 존경을 표하지 않는 사람이 어디 있겠는가. 이것이 바로 명예이다. 명예란 본분을 지켜낸 사람에게 주어지는 것이지 본인이 추구해서 얻는 것이 아니라는 뜻이다.

"다섯 소리가 사람의 귀를 먹게 하며(五音令人耳聾)"

다섯 가지 소리 역시 궁상각치우라고 말하지만 실제로는 온갖 화합을 깨는 모든 소리라 할 수 있다. 진실의 세계에 호응하여 공명하는 자연의 소리를 제외한 것이 오음이다. 반면 자연의 소리는 하늘의 소리이다. 그것을 천뢰天籟라고 한다. 천뢰는 사람을 편안하게 한다. 본성을 할퀴거나 지배하지 않는다. 그러나 아첨하는 소리나 기뻐 날뛰는 소리, 비탄에 잠긴 소리, 괴로워하는 소리, 분노하는 소리와 같은 것들은 사람을 미혹시킨다. 미혹된다는 것은 내면에서 울리는 본성의 소리를 들을 수 없게 된다는 뜻이다. 본래 귀란 본성의 소리를 들으라고 뚫린 것이지만 오히려 달콤한 감언이설에 미혹되어 하늘의 뜻에 역행한다는 뜻이다. 그 결과 내면의 고요가 깨어짐은 물론 더욱 진실과 거리가 먼 곳을 향해 달려가고, 더 이상 진실은 들으려고조차 않게 된다. 그렇게 된 사람을 귀머거리라 부른다.

"다섯 가지 맛이 사람의 입맛을 어그러뜨린다(五味令人口爽)."

다섯 가지 맛은 쓰고 짜고 달고 시고 매운 맛이다. 즉 혀에 감지되는 온갖 맛으로 인해 사람들은 진짜 맛을 볼 줄 모르게 된다는 뜻이다. 아이가 태어나면 원래는 본연의 맛을 좋아한다고 한다. 본연의 맛을 제대로 감지하여야 무엇이 지금 자신의 몸에 필요한지, 아니면 먹으면 안 되는 맛인지를 구분한다. 그것이 맛을 감지해내는 입의 본래 기능이다.

그러나 아이는 자라면서 점차 기성세대들이 탐닉하는 자극적인 맛에 길들여지기 시작한다. 그에 따라 점차 본연의 맛을 식별하는 능력을 상실하게 되고, 건강을 깨뜨리는 맛에 빠져들게 된다. 입맛을 어그러뜨린다는 것은 바로 그 경우를 두고 하는 말이다.

물론 다섯 가지 맛 역시 어찌 입맛만을 의미하겠는가. 온갖 취향의 맛, 즉 세상의 온갖 향락으로부터 느끼는 맛 역시 사람이 사람다울 수 있는 맛을 멀게 하기는 마찬가지다. 따라서 맛을 제대로 아는 사람이기 위해서는 자신의 내면에 존재하는 본래의 기능을 찾아야 한다. 마음도 몸도 온전할 때 모든 기능이 제 역할을 할 수 있다는 얘기다.

"달리며 하는 사냥질이 사람의 마음을 미치게 하고(馳騁畋獵令人心發狂)"

미쳤다는 것은 본성에서 벗어났다는 뜻이다. 본래의 고요하고 평화로운 상태에서 벗어난다는 뜻이다. 사물과 사건을 제대로 통찰할 수 있는 한계를 벗어난다는 말이다. 바깥세상의 온갖 유혹들에 이끌려 정신없이 몰입하게 되면 될수록 마음도 따라서 흥분을 더하게 된다. 달콤한 유혹일수록 더 매력적일 수밖에 없고, 그 결과 광기는 더욱 더 극에 달한다. 처음에는 스스로 제 정신이 아니라는 사실을 인지하겠지만, 정도가 심해지다 보면 자신이 미쳤다는 사실조차도 모르는 지경에 이른다. 그리고 급기야 스스로를 덫이나 함정에 빠뜨리면서도 오로지 몰입한 대상이 아니면 안 된다고 여기게 된다. 마음이 발광한다는 것은 바로 그 상태를 말한다.

"얻기 어려운 재화가 사람으로 하여금 거리끼는 곳으로 이끈다(難得之貨令人行妨)."

얻기 어려운 재화란 진귀한 물건이다. 귀하고 값진 보물을 얻으려 집착하게 되면 해서는 안 되는 일조차 감행하게 된다. 심지어 경쟁자가 많으면 온갖 수단을 다 동원하는 데까지도 이를 수 있다. 마음을 꺼리게 되는 것은 대개 정도를 벗어난 행동임을 알기 때문이다.

"그러므로 성인은 배(속에 있는 참나)를 위하지 눈을 위하지 않는다(是以聖人爲腹不爲目)."

성인은 내면으로 눈을 돌려 진실과 함께 할 뿐 남의 시선에 이끌리지 않는다. 배를 위한다는 건 실제를 중시한다는 뜻이다. 지금 당장 내게 필요한 것을 위한다는 뜻이다. 그것은 행복이며 참이고, 진실이고 진리이다. 그것이 내가 살아내야 할 몫이고 내가 가야 할 길이기 때문이다. 반면 중생은 남의 시선을 의식하며 살아간다. 남들이 귀하다는 것을 취하려 하고 남들이 좋다는 것을 따라서 좋아한다. 남들이 높다는 곳에 오르려 하고 남들이 예쁘다고 하는 모습으로 꾸미려든다. 결국 욕망의 노예가 되는, 다시 말해서 주객이 전도된 삶을 살게 된다. 나의 행복을 찾는다고 하면서도 정작 남의 기준을 따른다는 뜻이다. 이 사회에서 성공한 사람 가운데 자살자가 증가하는 이유도 그 때문이다.

"따라서 저것을 버리고 이것을 취한다(故去彼取此)."

밖을 향하는 마음은 멀리 있는 것(저것)을 취하지만, 내면을 향하는 마음은 가장 가까운 것(이것)을 취한다. 즉 내면의 실상을 위할 뿐 밖을 향해 치달리지 않는다는 뜻이다. 지금 바로 이 순간을 살아간다는 뜻으로도 이해할 수 있다. 잠시 남의 삶이 아닌 자신의 삶을 사는 이야기 한 편을 소개하고 넘어가기로 한다.

> 두꺼비들의 등산대회가 열렸다. 경기를 지켜보려고 모여든 관중들은 어떤 두꺼비도 정상에 오르지 못할 것이라고들 확신했다.
> "이건 두꺼비한테 너무 어려운 경기잖아! 두꺼비 따위가 어떻게 정상에 오를 수 있겠어? 에이, 절대 못해!"
> 그렇게 외쳐대는 관중들의 야유에 경기에 참여한 두꺼비들은

맥이 빠졌다. 그 때문인지 출발한 지 얼마 되지도 않아 많은 두꺼비들이 경기를 포기하고 산에서 내려오기 시작했다. 그래도 그때까지 몇몇 두꺼비들은 포기하지 않았다. 관중들은 두꺼비들이 열심히 땀을 흘리며 산을 오르는 모습을 보고 또 소리치기 시작했다.

"그만 포기하시지! 너희는 절대 정상까지 올라갈 수 없다니까!"

그러자 단 한 마리를 제외한 모든 두꺼비들이 자포자기하며 멈췄다. 홀로 남은 두꺼비만이 흐트러짐 없이 한결같은 페이스를 유지하며 열심히 앞을 향해 걸어갔다.

결국 끝까지 포기하지 않은 두꺼비의 우승으로 경기는 끝났다. 정상에 올랐던 두꺼비가 산 아래로 내려오자 관중들이 몰려들었다.

"이봐, 넌 어떻게 정상까지 올라갈 수 있었지?"

"……."

우승한 두꺼비는 아무 말 없이 눈만 동그랗게 뜨고 관중들을 바라볼 뿐이었다. 그 두꺼비는 귀머거리였던 것이다.(허샨 저, 박수진 역, 『잘되는 사람은 무슨 생각을 하며 살까?』, 새론북스)

12장의 일반적인 풀이:
참나를 기를 뿐 세상의 평가에 상관치 않으며

보이는 온갖 것들은
눈을 멀게 하고,
들리는 온갖 소리는
귀를 멀게 하며,
맛있는 온갖 것들은
입맛을 어그러지게 한다.
말달리며 하는 사냥으로 인해
마음이 미쳐 날뛰게 되고,
진귀한 물건으로 인해
행동이 정도正道에서 벗어나게 된다.
따라서 성인은
참나를 기를 뿐
세상의 평가에 개의치 않으며,
밖으로 향하는 마음을 떠나서
안으로 집중한다.

12장의 불교적인 풀이: 거짓 나를 버리고 참나를 기르며

보이는 온갖 것들은
진실을 보지 못하게 하고,
들리는 온갖 소리는
진실을 듣지 못하게 하며,
맛있는 온갖 것들은
진실된 맛을 보지 못하게 한다.
정신 못 차릴 만큼 흥미로운 것들은
마음의 고요를 깨뜨리고,
탐낼 만한 보물은
행동을 어긋나게 한다.
(이 모든 것들은 '거짓 나' 때문이니)
따라서 불보살은
참나를 기를 뿐
'거짓 나'에 응하지 않으며,
분별심을 버리고
자성自性에 머문다.

행복이란… 사랑의 결핍이 없는 것

제13장 사랑을 받는다거나 잃었다는 생각에 소스라치니

寵辱若驚貴大患若身(총욕약경귀대환약신): 사랑을 받거나 미움을 받으면 깜짝 놀란 듯이 하니 (이는) 큰 근심거리를 제 몸처럼 섬겼기 때문이다.

何謂寵辱若驚(하위총욕약경): 어찌하여 사랑을 받거나 미움을 받으면 깜짝 놀란 듯이 한다고 하는가 하면,

寵爲上辱爲下(총위상이요욕위하): 사랑을 받는다는 것은 위로 오르는 것이고 사랑을 잃는다는 것은 아래로 내려가는 것이어서,

得之若驚失之若驚(득지약경실지약경): 사랑을 받아도 깜짝 놀랄 일이고, 사랑을 잃어도 깜짝 놀랄 일이니,

是謂寵辱若驚(시위총욕약경): 이를 "사랑을 받거나 미움을 받으

면 깜짝 놀란 듯이 한다"고 하는 것이다.

何謂貴大患若身(하위귀대환약신): 어찌하여 "큰 근심거리를 제 몸처럼 섬겼다"고 하는고 하면,

吾所以有大患者爲吾有身(오소이유대환자위오유신): 내게 큰 근심거리가 있는 까닭은 나에게 몸이 있었던 까닭이고,

及吾無身吾有何患(급오무신오유하환): 내 몸이 없는 데 이르면 나에게 어찌 근심이 있겠는가?

故貴以身爲天下若可寄天下(고귀이신위천하약가기천하): 그러므로 제 몸을 섬기는 마음으로써 천하를 받드는 자에게는 천하를 맡길 수 있고,

愛以身爲天下若可託天下(애이신위천하가이탁천하): 제 몸과 하나로 여기는 마음으로써 천하를 아끼는 자에게는 천하를 부탁할 수 있다.

『노자』 13장 전체의 핵심은 '사랑', 이 한 마디이다. 우주는 본래 사랑의 에너지가 충만하다. 따라서 우주에 존재하는 것은 무엇이든 사랑으로 충만해야 정상이다. 사랑은 곧 생명력이며 진리라 부르기도 한다. 그러므로 진리와 함께 하는 존재는 마음에 사랑이 충만하여 아무런 결핍이 없다. 결핍이 없다는 뜻은 완전하여 가장 편안한 상태라는 뜻이다. 모든 것이 구비되었다는 뜻이기도 하다. 잠시 잠깐 넉넉한 것이 아니라 지속적으로 충만한

상태이다. 따라서 더 이상 얻을 것도 잃을 것도 없는 상태라 할 수 있다. 그러한 상태를 행복이라 한다.

하지만 중생은 진리에서 이탈한 존재이다. 몸의 감각기관을 따라 내면에 온갖 프로그램을 만들어놓고 그것대로 움직이는 존재이다. 자신이 삶의 주인공인 줄 알고 있지만 사실은 내면에 헤아릴 수조차 없이 복잡하게 얽혀 있는 프로그램을 따라 습관처럼 움직이는 존재이다. 그것이 자야 한다고 하면 자려 들고, 배고프다고 하면 밥을 먹으려 한다. 색에 대한 욕망이 일면 이성을 찾아가고 명예를 위해서는 물불 안 가리기도 한다. 그뿐만 아니라 때로는 재물을 탐해 살인까지도 서슴지 않는 존재가 바로 중생이다. 이렇게 모든 것에 탐착貪着하는 이유는 결핍이 있기 때문이다.

결핍은 다름 아닌 사랑, 즉 우주에너지의 결핍이며 반야의 결핍이기도 하다. 반야의 결핍은 지혜의 결핍이라고도 할 수 있다. 지혜가 결핍되었으므로 어둡다. 어둡기 때문에 무엇이 중요한지를 모른다. 본래의 자기 모습이 어땠는지를 모른다는 뜻이다. 다만 감각기관을 따라 온갖 형태로 내면에 저장되어 있는 프로그램 그대로 실행할 뿐이다. 그 프로그램은 상황에 따라 시시각각으로 변한다. 그러므로 중생은 감정의 변화가 많다. 그 때문에 한결같은 마음을 지니는 경우가 드물다. 그 모든 프로그램들이 바로 몸의 감각기관을 따라 형성된 것들이다. 몸이 생겼다는 것 자체가 이미 물질을 끌어당길 수밖에 없는 식(識; 아뢰야식)이 발현했다는 뜻이다. 그것이 바로 업이다. 업에 끌려 다니면서도 중생은 자신이 업에 부림을 받고 있다는 사실을 모르고 살아간다.

그러나 조금만 잘 관찰하면 몸, 즉 프로그램에 조종당한다는 사실을 알 수 있다. 오욕五慾의 모든 것들이 사실은 응집된 식에 의해 움직인다는 사실을 알 수 있다. 심지어 그 사실을 본성인 주인에게 들키게 되면 변명까지 하는 것이 바로 업이다.

누군가에게 총애를 받는다고 여기는 것도 생각이고 모욕을 당한다고 여기는 것도 생각이다. 더욱이 중생이 다른 중생으로부터 느끼는 '사랑'은 감정일 뿐 우주실상의 에너지인 사랑과는 다르다. 내면의 프로그램에 따라 분별하고, 그것에 맞아서 들뜨는 감정이라는 뜻이다. 그렇게 분별하는 것을 생각이라 한다. 중생은 한 생각이 일어나서 몸이 구름 위에 눕기도 하고, 지옥에 떨어지기도 한다. 그 한 생각이 모든 것을 만들어내는 시작이라는 뜻이다.

얼마 전에 필자의 지인 한 사람이 병원 신세를 진 적이 있다. 일을 너무 고되게 한 데다가 스트레스가 심해서 속탈이 났고, 급기야 병원으로 실려갔다. 그 사람은 워낙 요추협착을 앓고 있어서 허리가 늘 말썽을 부렸다. 그런데 인연이 있는 스님께서 그분을 보시더니 '우비고뇌憂悲苦惱'란 진단을 내리셨다. 근심과 슬픔, 괴로움과 번뇌가 병의 원인이라는 뜻이다. 필자는 그 순간 머리에 번개가 치는 느낌이었다.

필자가 살아온 삶이 그 끝도 없는 자락을 펼치기 시작했다. 중생이기 때문에 동행하고 있는 우비고뇌는 모든 것을 막아버린다. 장벽을 만든다는 뜻이다. 사실 행복이라고도 하고 완전, 혹은 사랑이라고 불러도 되는 최상위의 개념을 한 마디로 잘라 말한다면 '소통'이다. 모든 고통과 질병은 소통이 이루어지지 못하여 따르게 된다는 뜻이다. 반야지혜라고 하는 것도 모든 것을 소통시키는 생명력이다. 그러므로 심신에 (불의의 외상을 제외한) 탈이 났을 때 우비고뇌라고 하는 것만큼 적합한 진단이 또 어디 있겠는가. 따라서 모든 병의 근치根治는 소통을 통해서만 가능하다는 것이 결론이다. 수술이나 투약으로 한동안 좋아졌다고 해도 그 사람의 모든 생각 패턴이 바뀌지 않는 한 또다시 병은 고개를 들 수밖에 없다는 뜻이다.

그런데 지금 노자는 이 장에서 그것을 극단적인 두 단어로 집약하여 설명하고 있다. 사랑을 받는다거나 사랑을 놓쳤다고 생각하는 것이 바로 경기할 만큼 놀랄 일이라는 것이다. 사실 우리의 삶에 절대적으로 필요한, 그래서 한 순간이라도 없으면 안 되는 것은 바로 사랑이라는 양식이다. 그런데 그것이 갑자기 감당하기 어렵게 들어와도 흥분하게 되고, 지나치게 갑작스럽게 빠져나가도 놀라서 비탄에 빠지게 된다.

사랑을 얻으면 잃게 될 것을 미리부터 근심하기 시작하고, 사랑을 잃으면 영영 또다시 사랑을 받지 못하게 될까봐 비탄에 빠지기도 한다. 그 둘은 모두 고통을 안겨준다. 고통이 있게 되면 그 해결을 위한 번뇌가 끊이질 않는다. 그것이 바로 우비고뇌이다. 그런데 이 우비고뇌가 있게 되는 원인이 바로 몸 때문이라고 노자는 말하고 있다. 우비고뇌라고 하는 대환大患, 즉 커다란 우환덩어리는 몸에서 비롯된다고 진단한 것이다. 부처님 말씀과 통하는 처방이다. 따라서 몸을 중심으로 하는 삶은 성현의 가르침에 어긋난다고 할 수 있다. 몸이란 어차피 분별망상의 산물이며, 그 분별망상은 진실로의 접근을 방해하는 요소이기 때문이다.

노자나 장자가 강조하는 삶은 자연의 삶이다. 이것과 저것을 떠나는 중도의 삶이다. 그러한 삶은 우주의 순수에너지에 그 흐름을 맡길 때 가능해진다. 그때의 삶은 저절로 사는 삶(자연)이다. 아무런 분별이나 계산이 없는 삶이라는 뜻이다. 인위적으로 무엇이 더 좋고 유리한지를 따지며 사는 삶이 아니라는 의미이다. 그러므로 그 자리에는 더 이상 사랑을 받는 것〔寵〕과 사랑을 잃는 것〔辱〕이 존재하지 않는다. 그것은 모두 중생 차원의 기준에서 나오는 평가일 뿐이기 때문이다. 그러므로 이때 말하는 사랑〔寵〕이란 우주실상의 차원이라 할 수 있는 절대 사랑, 혹은 생명의 영역이 아니라 중생차원의 감정적 표현이다. 따라서 총寵이나 욕辱이라는 생각이 든다면 그 자체로 깜짝 놀랄 만한 일이다. 앞에서 설명한 『장자』「서무귀」편의 자기란 인물이 '아들의 관상이 길하여 평생 고기를 먹으며 살게 된다'는 말을 듣고 눈물을 흘리는 것과 그 맥락이 통한다고 할 수 있다.

따라서 천하를 경영하는 리더는 본인 한 몸을 떠난 존재여야 한다. 제 한 몸의 영역을 떠나 천하 전체를 제 몸으로 여겨 아끼고 귀하게 여기는 사람이어야 한다는 뜻이다. 어떤 사람인가? 바로 부처님과 같은 성인이다. 거듭 밝히거니와 부처님은 우주법계를 몸으로 하는 분이다. 중생이 따로 있는 것이 아니라 모두가 다 부처님 몸이다. 결국 노자는 천하를 맡길 만한 사람은 도량이 넓어서 천하를 다 제 몸으로 품을 수 있는 도인이어야 한다는 것을 간접적으로 피력하고 있다. 본문을 통해 구체적으로 살펴보기로 한다.

"사랑을 받거나 미움을 받으면 깜짝 놀란 듯이 하니 (이는) 큰 근심거리를 제 몸처럼 섬겼기 때문이다(寵辱若驚貴大患若身)."

몸의 양식은 물(음료수), 불(뜨거운 것이거나 익힌 것), 흙(물질로 된 것; 곡채소류나 육류, 패류, 견과류, 과일), 공기의 성질을 띤 모든 것이라 할 수 있다. 그러므로 어떤 음식을 입에 넣느냐에 따라 몸의 구성성분이 결정된다.

반면 마음의 양식은 사랑의 말이나 찬탄, 수행을 포함한 기도와 같은 것이다. 사랑이 가득한 말은 사람을 무장해제시킨다. '나'라고 하는 견고한 울타리를 제거하게 만든다는 뜻이다. 찬탄은 자신감을 한층 고무시킨다. 그래서 더욱 더 분발하여 제 갈 길을 가게 하는 원동력으로 작용한다. 수행이나 기도는 분별망상을 줄여준다. 쓸 데 없는 생각으로 낭비하게 될 시간을 절약할 수 있게 해 준다는 뜻이다. 또한 수행과 기도는 개별적 마음을 우주와 소통할 수 있게 해 주는 통로이기도 하다. 기도라는 말 자체가 실상과의 소통을 전제하기 때문이다. 그러므로 백일을 하루같이 기도했으면서도 한 순간도 기도하지 못하는 사람이 있고, 단 한 순간의 기도로 절대적인 영역(하늘, 하느님, 부처님)과 소통을 이루는 사람도 있다.

그런데 그러한 마음의 양식 모두를 한 마디로 줄인다면 그것은 '사랑'이다. 이때의 사랑은 우주의 사랑이요 하느님의 사랑이며 부처님의 자비이고 하늘의 은택이다. 이러한 사랑이야말로 중생들의 결핍을 온전히 채워줄 수 있기 때문이다. 부족함에서 완전함으로, 속박으로부터 자유로, 혼란에서 평화로, 둘에서 둘이 없는 하나로, 차별에서 평등으로, 대립에서 소통으로, 어둠에서 밝음으로, 죽음에서 영생으로, 무거움에서 가벼움으로, 무기력에서 생명력으로, 고통에서 즐거움으로 온전하게 옮겨 앉도록 해 주는 것이 바로 생명의 실상이라 할 수 있는 사랑에너지요 생명력이라는 뜻이다. 이러한 사랑은 이미 앞에서 설명한 대로 몸의 감각기관을 떠났을 때 찾아오는 것들이다.

하지만 총寵이나 욕辱은 그러한 사랑을 얻거나 잃는 것에 대한 표현이 아니다. 사람들에 의해서 갑작스럽게 부추겨지는 애착이 총이며, 그 애착으로부터 팽개쳐진 것이 바로 욕辱이다. 중생의 삶에서 오는 사랑과 미움이라는 뜻이다. 그러므로 그러한 대상이 되었다는 생각이 들었다면 깜짝 놀라 마땅하다. 이미 "무소의 뿔처럼 혼자서 가라"고 하는 길에서 이탈했다는 증거이기 때문이다. 남의 평가에 편승했다는 뜻이다. 중생의 삶이 시작된 것이고 몸이 귀한 삶의 시작이다. 그 순간부터 큰 근심거리와의 동행이 시작된다는 뜻이다. 참고로 불교『법집요송경』「애락품」(동국대학교 역경원 전자불전)에 다음과 같은 내용이 있는데 함께 새겨보자는 의미에서 소개하기로 한다.

사랑하는 사람과 만나지 말고
사랑하지 않는 이와 함께 하지 말라.
사랑하는 사람 못 만나면 괴롭고
사랑을 못 받으면 근심하나니
그 가운데서 근심과 슬픔이 생겨
사람의 착한 근본 소멸시킨다.

*해설. 목석처럼 살라는 뜻이 아니다. 사랑과 미움이라고 하는 감정을 떠나 참사랑을 하라는 말이다. 애증의 사랑은 중생 차원의 계산적인 사랑이므로 그 자체로 근심거리일 뿐만 아니라

본성까지도 가두게 된다는 뜻이다.

"어찌하여 사랑을 받거나 미움을 받으면 깜짝 놀란 듯이 한다고 하는가 하면(何謂寵辱若驚)**"**

총애를 받아 발탁되면 흥분하기 마련이다. 반면 미움을 받는다는 것은 받던 총애를 잃는 것이니 그 슬픔으로 또한 몸을 상하기 마련이다. 그러나 모든 것은 함께 온다는 사실을 기억해야 한다. 진리와 함께 하여 매사가 순조롭다면 하루아침에 널뛰듯 총욕寵辱이 올 까닭이 없다. 그러나 진리에서 이탈한 삶에서는 총과 욕이 함께 온다는 뜻이다. 그런데도 중생들은 총寵이 오는 것을 기뻐하고 욕辱을 당하면 화를 낸다. 그것은 총과 함께 온 욕을 보지 못한 때문이고, 욕과 함께 온 총을 보지 못했기 때문이다. 따라서 기뻐서 흥분할 일도 없고, 슬퍼서 분노를 일으킬 일도 없다. 다만 사랑을 받고 미움을 받는다는 생각이 일어나는 순간 자신의 삶이 몸의 삶으로 전락했다는 사실에 뜨거운 물건을 잡은 듯 소스라치며 정신차리라는 뜻이다.

"사랑을 받는다는 것은 위로 오르는 것이고 사랑을 잃는다는 것은 아래로 내려가는 것이어서(寵爲上辱爲下)**"**

사랑을 받는다는 건 그 사람의 가치가 올라감을 의미하고 사랑을 잃는다는 건 상대적으로 그 사람의 가치가 떨어지는 것이다. 또, 주위의 관심이 집중되는 것은 사랑을 받는 것이고, 주위의 관심이 사라지는 것은 사랑을 잃는 것이다.

"사랑을 받는다는 것도 깜짝 놀랄 일이고, 사랑을 잃는다는 것도 깜짝 놀랄 일이니(得之若驚失之若驚)"
"이를 '사랑을 받거나 미움을 받으면 깜짝 놀란 듯이 한다'고 하는 것이다(是謂寵辱若驚)."

주변으로부터 관심과 부러움의 대상이 되면 들뜨게 된다. 반면 주변의 관심에서 멀어지고 외면당하면 침울해지는 것은 인지상정이다. 그러므로 사랑을 받을 때는 그것을 계속 유지하고 싶어하고, 사랑을 잃으면 다시 사랑을 받기 위해 몸부림치게 된다. 하지만 이 둘은 상대세계의 가치에 몰입된 결과이다. 이미 서 있어야 할 진리라고 하는, 중도의 자리를 잃었다는 뜻이다. 따라서 사랑을 받거나 미움을 받는다는 생각이 들면 마치 뜨거운 것에 데여 깜짝 놀란 듯이 얼른 정신차려야 한다는 뜻이다.

"어찌하여 '큰 근심거리를 제 몸처럼 섬겼다'고 하는고 하면
(何謂貴大患若身)"

"내게 큰 근심거리가 있는 까닭은 나에게 몸이 있었던 까닭이고(吾所以有大患者爲吾有身)"

총寵이란 상식 이상으로 떠받들 때를 말하고, 욕辱이란 상식 이하로 내팽개쳐질 때를 말한다. 따라서 그 두 경우 모두 평상심에서 벗어나게 함으로써 사람을 상하게 한다는 공통점이 있다. 올라간 만큼 내려올 때의 충격이 클 수밖에 없고, 내려감은 내려가는 순간부터 고통인 까닭이다. 그러므로 두 경우 모두 큰 근심거리이다. 그렇다면 왜 몸처럼 우대했다고 하는 것일까? 중생이란 본래 몸을 중심으로 살아가는 존재이기 때문이다. 몸을 중심으로 살아간다는 뜻은 상대세계의 일이란 뜻이다. 상대세계의 삶은 부처님 말씀대로 삶 자체가 불완전이므로 속박이며 고통이다. 그 모든 원인은 몸이 자신의 전체라고 인식하고 그것에 목숨 걸기 때문에 초래되는 결과이다. 그 때문에 자신이 총애를 받는다는 생각이나 버림을 받았다는 생각이 일어난다. 그것은 또한 남과의 경쟁에서 이겨야 한다는 생각이 바탕에 깔려 있기 때문이다. 그러므로 그렇게 총寵이나 욕辱이란 생각이 일었다는 것 자체가 중생의 모습이라는 뜻이다. 몸에 집착한 삶을 산다는 뜻이기도 하다. 따라서 몸을 귀하게 여기는 자체로 이미 환란이라는 풍파에 배를 띄운 것과 같다.

“내 몸이 없는 데 이르면 나에게 어찌 근심이 있겠는가(及吾無身吾有何患)?”

몸이 없는 데 이르렀다는 뜻은 몸의 삶을 떠남을 의미한다. 몸의 세계를 떠남은 상대세계를 떠나 절대세계의 삶을 산다는 뜻이다. 중생들의 가치에 더 이상 좌우되지 않는다는 뜻이다. 따라서 총寵도 욕辱도 더 이상 아무런 의미가 없어진 삶이다. 제 한 몸은 사라지고 그 자리에 전 우주가 한 몸으로 남는다. 그러한 삶을 사는 사람에게는 오직 절대적인 사랑이자 우주에너지인 생명력만 남는다. 매일이 새로운 날이고 날마다 좋은 날이다.

“그러므로 제 몸을 섬기는 마음으로써 천하를 위하는 자에게는 천하를 맡길 수 있고(故貴以身爲天下若可寄天下)”
“제 몸과 하나로 여기는 마음으로써 천하를 위하는 자에게는 천하를 부탁할 수 있다(愛以身爲天下若可託天下).”

중생들은 각각 저마다의 자기가 있다. 가장 작게는 자기 자신을 뺀 나머지는 모두 적이라 여기는 사람이 있다. 좀 더 확장된 사람은 부모님까지만 자신인 사람이 있다. 또 어떤 사람은 형제까지 포함시키는가 하면 그 영역을 친족에까지 확장하는 사람도 있다. 반면 한 나라 전체를 자신으로 여기는 사람이 있는가 하면 우주 전체를 자신의 몸으로 여기는 사람도 있다. 말로써가 아니라 실제로 우주의 그 어떤 대상이 다칠까 행동거지 하나까지 마음쓰는 존재가 있다.

석가모니도 그 가운데 한 사람이었다. 심지어 물에 발을 담글 때조차도 물 속의 중생들이 다칠까봐 조심했다는 정도이다. 석가모니뿐만 아니라 이 세상에 알려지지 않았다 할지라도 온 우주를 자신으로 여기는 사람은 더 이상 중생이 아니다. 그는 이미 성인이고 도인이다. 본성이라 할 수 있는 내면의 사랑을 뿜어내므로 미물들조차도 감응하는 존재이다. 그러한 사람이라면 마음 놓고 천하를 맡길 수 있지 않겠는가. 또 그런 사람이라면 마음놓고 온 세상을 부탁할 수 있지 않겠는가. 잠시 『장자』「서무귀」편의 일부를 소개하고 넘어가기로 한다.

남백자기가 책상에 기대앉아 하늘을 우러러 한숨을 길게 쉬었다. 안성자가 들어오다 보고는, "선생님은 매우 뛰어난 분이시라 몸은 마른 나뭇가지와 같게 할 수 있으며, 마음은 타버린 재처럼 될 수 있는 것입니까?" 하고 물었다. 자기가 대답하였다. "나는 일찍이 산의 굴속에서 살았네. 그 당시에 제齊나라의 왕 전화가 날 보러 왔었는데 제나라 사람들이 그것을 세 번이나 축하했다네. 내가 필시 (드러나고 싶어서) 먼저 무슨 짓을 했던 것이고, 저들은 그걸 알았기 때문이겠지. (아마) 내가 필시 팔아먹은 게 있었기에 저들이 그것을 사려 한 것이리라. 만약 내가 (그런 마음을) 소유하지 않았다면 저들이 어찌 알 수 있었겠는가. 아! 나는 사람들이 자신을 잃어버리는 것을 슬퍼한다. 내가 또 남을 슬퍼한 것이 (누군가가) 슬퍼할 일(본성을 잃는 일)이었고, 내가 또 남을 슬퍼하는 자를 (스스로) 슬퍼해야 함을 슬퍼해야 하는 것이었네. 그(그것을 알고 난) 뒤로는 (모든 것으로부터) 멀어지게 되었지."

*해설 삶을 살아내면서 지켜야 할 가장 소중한 일은 남에게 잘 보이는 일이 아니라 스스로의 본성을 지키는 일이란 뜻이다. 그것이 가장 행복하게 사는 비결이므로.

13장의 일반적인 풀이:
사랑을 받는다거나 잃었다는 생각에 소스라치니

사랑을 받는다거나
사랑을 잃었다는 생각이 들면
소스라쳐야 하니
큰 근심거리를
몸처럼 섬겼기 때문이다.

어찌하여 사랑을 받는다거나
사랑을 잃었다고 하는 생각 자체에도
소스라쳐야 한다고 하느냐 하면
사랑을 받는다는 건
마음이 들뜨는 것이고
사랑을 잃는다는 건
마음이 가라앉는 것인데
(그 모두가 진리에서 멀어지는 일이므로)
사랑을 얻어도 소스라칠 일이고
사랑을 잃어도 소스라칠 일이니
이를
사랑을 받는다거나 사랑을 잃었다는 생각에도
소스라쳐야 한다고 하는 것이다.

어찌하여 큰 근심거리를
몸처럼 섬겼다고 하는고 하면
내가 큰 근심을 지녔다는 것은
몸이 있어서이기 때문이니
몸이 없게 된다면
내 어찌 근심을 지니겠는가?

그렇기 때문에

제 몸을 섬기는 마음으로

천하를 제 몸으로 여겨 위하는 자에게는

천하를 맡길 수 있고,

제 몸과 하나로 여기는 마음으로

천하를 제 몸으로 여겨 위하는 자에게는

천하를 부탁할 수 있다.

13장의 불교적인 풀이: 마음을 얻었다거나 잃었다고 하는 분별심에 놀라고

마음을 얻었다거나

마음을 잃었다고 하는 분별심이 일면

소스라쳐야 하니

(중도에서 벗어나)

업에 의한 중생심을

실제인 양 집착한 까닭이다.

어찌하여 마음을 얻었다거나

마음을 잃었다고 하는 분별심에

소스라쳐야 한다고 하는가 하면
마음을 얻는다는 건
들뜨는 일이고
마음을 잃는다는 건
가라앉는 것인데
(그 둘 다 중도에서 멀어지는 일이므로)
마음을 얻어도 소스라칠 일이고
마음을 잃어도 소스라칠 일이니
이것을 마음을 얻는다거나
마음을 잃었다는 생각이 들면
소스라쳐야 한다고 하는 것이다.

어찌하여 업에 의한 중생심을
실제인 양 집착하였다고 하는가 하면
내가 중생심을 지녔다는 것은
'거짓 나'가 있었기 때문이니
'무아'에 이르면
내가 어찌 중생심을 일으키겠는가.

그렇기 때문에
무아로 돌아가

법계를 섬기는 성인에게는
법계를 맡길 수 있고
무아로 돌아가
법계와 하나된 성인에게는
법계를 부탁할 수 있다.

행복이란… 황홀이다

제14장 황홀은 무아·무상의 경지

視之不見名曰夷(시지불견명왈이): 보려 하여도 보이지 않는 것을 이夷라 하고,

聽之不聞名曰希(청지불문명왈희): 들으려 하여도 들리지 않는 것을 희希라 하며,

搏之不得名曰微(박지부득명왈미): 잡으려 하여도 잡히지 않는 것을 미微라 한다.

此三者不可致詰(차삼자불가치힐): 이 세 가지는 따져서 헤아릴 수 있는 것이 아니니,

故混而爲一(고혼이위일): 그러므로 뭉뚱그리면 하나이다.

其上不皦其下不昧(기상불교기하불매): 그 위라 해도 밝지 않고 그 아래라 해도 어둡지 않으며,

繩繩不可名復歸於無物(승승불가명복귀어무물): 끝없이 계속 이어지지만 무어라 부를 수도 없으며, 다시 아무것도 없던 곳(처음)으로 돌아간다.

是謂無狀之狀無物之象(시위무상지상무물지상): 이를 형상 없는 형상이요 아무것도 없음의 모습이라 하며,

是謂惚恍(시위홀황): 그것을 황홀이라 한다.

迎之不見其首隨之不見其後(영지불견기수수지불견기후): 앞에서 맞이하여도 그 머리가 보이지 아니하고 뒤를 따라가도 그 뒤가 보이는 건 아니지만,

執古之道以御今之有(집고지도이어금지유): 옛날의 도를 붙들어 지금의 드러난 세계를 다스리게 되면,

能知古始是謂道紀(능지고시시위도기): 능히 태초의 시작을 알 수 있으리니 이를 일러 도의 본질이라 한다.

『노자』 1장에서 노자는 '진실' 혹은 '실재'는 말로 설명할 수 없다고 하였다. 그런데 이번에는 말로 설명할 수 없는 그것(진리)은 감각기관이나 이성적 사유로도 붙들 수 없다고 한다. 감각기관이나 이성적 사유로도 잡을 수는 없지만 그 자리는 황홀하단다. 세상에 '황홀'보다 더 멋진 말이 있을까? 그래서 수행자들은 고행도 불사하며 그곳을 향해 걸어가는 것이 아닐까? 또 삶의 목표가 행복이라면 행복을 표현하는 데 있어서 황홀보다 더 매

력적인 말이 어디 있겠는가. 지금부터 황홀, 즉 행복할 수 있는 조건을 본문을 통해 살펴보기로 한다.

"보려 하여도 보이지 않는 것을 이夷라 하고(視之不見名曰夷)"

이夷는 평평하다는 뜻도 있지만, 여기서는 '모습 없는 모습'이라는 뜻으로 쓰였다. 본다는 것은 눈으로 본다는 뜻이므로 시각이다. 어떠한 기구를 동원하더라도, 설사 현미경이나 적외선 망원경을 이용한다고 할지라도 시각에 잡히지 않는다는 뜻이다. 즉 아무리 과학이 발달한다 하더라도, 어떠한 경우에도 시각에 의해 드러날 수 없는 자리를 일컬어 이夷라고 표현한 것이다. 다음 문장을 보기로 한다.

"들으려 하여도 들리지 않는 것을 희希라 하며(聽之不聞名曰希)"

희希는 드물다는 뜻이 있지만 여기에서는 '소리 없는 소리'라는 의미로 쓰였다. 물론 귀라고 하는 청각의 영역에 잡히지 않는 소리이다. 그렇다고 하여 지구가 돌아가는 소리와 같이 무진장 큰 소리나 극 저주파와 같은 것, 즉 청각의 영역을 벗어난 작은 소리를 말하고 있다고 생각하면 그 또한 안 될 말이다. 분명 소리는 없으나 우리가 '나'를 떠났을 때 들을 수 있는 소리는 분명히 있다. 그렇게 듣는 것을 마음으로 듣는다고 한다. 그렇다면 그것을 노자가 말하는 희希라고 할 수 있을 것인가?

"잡으려 하여도 잡히지 않는 것을 미微라 한다(搏之不得名曰微)."

미微 또한 티끌이란 뜻을 지니고 있지만 '없으면서 있는 것'의 이름이다. 분명 어떠한 물질로도 존재하지 않아 닿을 수는 없지만 존재하는 것이다. 은미(겉으로 드러나는 것이 거의 없다는 뜻)하다고 하여 미립자라고 한다면 그것 또한 마땅치 않다. 즉 촉각의 영역을 넘어선 물질계라고 하여도 맞지 않는다는 뜻이다.

"이 세 가지는 따져서 헤아릴 수 있는 것이 아니니(此三者不可致詰)"

이夷와 희希와 미微 이 세 가지는 앎의 영역으로 아무리 애를 써도 알 수 있는 것이 아니라고 하였다. 그러므로 과학뿐만 아니라 이성의 영역으로도 접근할 수 없다는 뜻이다. 비록 이성이 과학보다는 한 차원 위의 영역이지만 추리하고 따져 헤아려서 접근할 수도 없다는 뜻이다. 왜 그런가?

불교에서는 앎을 여러 가지로 구분한다. 중생들의 앎은 법집法執이라 하고 부처의 앎은 반야지혜라 한다. 법집이란 우주 만물을 그 자체로 실재實在라 여겨 고집하는 것, 분별로써 진리나 종교를 만들어놓고 고집하는 것과 같은 것을 말한다. 실제로 세상에는 수많은 종교와 종교인들이 있어 저마다 진리를 설하기도 하고 또 그것을 따르며 살아간다. 하지만 종교라는 이름으로, 혹은 종교인이라는 미명 아래 오히려 혹세무민하는 경우가 없지 않다. 그렇다고 하여 그들 모두가 의도적으로 그런 행동을 한다고 볼 수는 없다. 대체로 앎의 한계를 벗어나지 못한 결과가 빚어낸 산물이라는 뜻이다. 그렇다면 그 앎의 한계란 어디서 오는 것인가 하는 것이 문제일 것이다.

불교에 의하면 중생들은 저마다 몸과 입, 그리고 뜻으로 업을 짓게 되고 그것은 고스란히 제8식인 아뢰야식에 저장이 된다. 아뢰야식이란 불성佛性이라 불리는 우리 본래의 본성을 덮고 있는 구름 같은 것이다. 일종의 프로그램과 같은 것이라 할 수도 있다. 컴퓨터에 프로그램이 입력되면 그대로 실행되는 것처럼 사람에게도 온갖 경험과 학습, 그리고 선천적인 유전정보가 입력되어 있어서 그것을 실행시키며 산다는 뜻이다. 앞에서도 이미 설명했지만 어떤 것이 좋았던 경험이 입력되면 그것을 좋은 것으로 인식하게 되고, 어떤 것이 나빴거나 틀렸던 경험으로 입력되면 그것을 또 그렇게 인식한다는 뜻이다. 그렇게 입력된 프로그램은 좀처럼 바뀌기 힘들다. 일단 한 번 깨져야 바뀌기 때문이다. 깨지기 전에는 입력된 프로그램이 거의 절대적으로 작용하는 경우가 많다. 따라서 집착이란 말이 더해져 '법집'이라 한다. 앎에 대한 집착이라는 뜻이다.

따라서 앎이란 대단한 것이면서 동시에 환영과도 같은 것이기도 하다. 제대로 알았다면, 즉 반야지혜라면 태산도 옮길 수 있고 바닷물도 마르게 할 수 있다. 하지만 잘못 알고 있는 경우라면 본인은 물론이거니와 주변까지도 모두 엉뚱한 길로 인도할 수 있기 때문이다. 여기에서 문제가 되는 것은 후자이다. 반야지혜는 모르는 것이 없는 신통의 경지이다. 그러나 입력된 프로그램에 의한 앎은 입력되어 있는 것을 벗어나지 못한다는 한계가 있다. 이성의 영역에 있어서의 한계란 바로 그것을 의미한다. 오히려 모든 앎의 틀이 무너지고, 감각기관이 모두 닫혔을 때 비로소 반야지혜가 드러나게 된다. 결국 노자가 말하는 이夷, 희希, 미微는 반야지혜로밖에 닿을 수 없다는 뜻이다. 다음 문장에서 말하는 하나는 바로 반야지혜의 영역이라 할 수 있는 절대세계, 즉 실상을 가리키는 말이다.

"그러므로 뭉뚱그리면 하나이다(故混而爲一)."

세 가지 이름으로 명명했지만 사실은 뭉뚱그리면 하나라고 하였다. 감각기관에 따라서 시각이나 청각, 촉각을 따라 이름을 달리하여 세 가지로 말하였으나 실은 하나를 말하고 있다는 뜻이다. 그렇게 여러 이름으로 불러보는 그 무엇을 일一이라고 한다면 과연 무엇이겠는가? 헤아릴 수도 없고 감각기관에 의해 잡히지도 않는 모든 것은 무엇일까? 바로 혼돈混沌의 세계이다. 자연의 세계이며 현묘玄妙의 세계이다.

불교에서는 그것을 헤아릴 수 없는 빛 혹은 헤아릴 수 없는 생명이란 뜻의 아미타불이라 한다. 불성광명이라고도 한다. 그것은 뭇 생명의 바탕이고 실상이다.

"그 위라 해도 밝지 않고 그 아래라 해도 어둡지 않으며(其上不皦其下不昧)"

뭉뚱그려 하나인 그것, 즉 혼돈의 위라고 해도 밝지 않고 그것의 아래라 해도 어둡지 않다고 한다. 실제로 밝음과 어둠은 상대세계의 영역이다. 밝음이 있으면 어둠이 있는 것이다. 물론 어둠은 밝음을 상대로 있는 것이다. 그러나 노자가 말하는 이夷, 희希, 미微는 이미 둘이 없는 하나의 세계이다. 절대세계의 영역인 자연이고 혼돈이다. 불교의 무량광 무량수의 영역이다. 그 때문에 실은 그것의 위도 없고 그것의 아래도 없다. 광명이라고는 하지만 흔히 생각하는 빛이나 밝음 또한 아니다. 이 세상의 빛과 어둠

너머에 있는 광휘이다. 이 세상의 빛은 아무리 밝아도 종잇장 하나 뚫지 못한다. 하지만 광명은 이르지 못하는 곳이 없는 빛이다.

"끝없이 계속 이어지지만 무어라 부를 수도 없으며, 다시 아무것도 없던 곳(처음)으로 돌아간다(繩繩不可名復歸於無物)."

이어진다고 표현하면 시간적인 개념에 붙들리게 된다. 그러나 앞에서 표현한 그 무엇으로서의 '하나'는 시간개념과는 무관하다. 시간은 공간이 전제되는 상대세계의 영역이다. 그러므로 시간과 공간을 점유하는 것이라면 분명 상대세계에 존재하는 것이므로 닿을 수 있다. 그러나 상대세계를 벗어나 있는 그 무엇은 이름할 수 없다. 인식의 영역 너머에 있는 것이기 때문에 분별을 위한 이름으로 접근할 수 없다는 뜻이다.

실제로 의상조사는 「법성게」에서 "구세십세호상즉九世十世互相卽"이라 하였다. 구세는 270년이고, 십세는 300년이다. 그러므로 30년이란 시간 차이가 있다. 그런데 그것이 서로 닿아 있다고 하였다. 한 자리에 있다는 말이다. 30년뿐만 아니라 천 년도 만 년도 모두 닿아 있다. 과거와 현재가 따로 없고 현재와 미래 역시 따로 존재하지 않는다. 우주실상의 차원에 입각한 생명줄이란 그런 것이다. 불성광명이라 불리는 생명의 자리는 시간과 공간이 사라진 자리이다. 그러나 말로 설명하자면 줄줄이 이어져 있다고 설명할 수밖에 없다. 하지만 흐르는 시간과는 무관하다.

따라서 노자도 결국 무물無物로 되돌린다고 하였다. 애초에 한 물건도 없는 곳, 모든 인식을 넘어선 세계, 절대이며 초월의 세계로 되돌린다는 뜻이다. 그렇게 아무것도 없는 자리를 부처, 즉 일불一佛의 세계라 한다. 온 우주 법계 전체가 한 몸인 자리이다. 그러므로 어떠한 물건도 다른 것이 있을 수 없다.

"이를 형상 없는 형상이요 아무것도 없음의 모습이라 하며 (是謂無狀之狀無物之象)"

'형상 없는 형상'에서 앞의 형상은 말 그대로 드러난 세계에 실제로 존재하는 형상이다. 그러나 뒤에서 말하는 형상은 형상이란 말을 빌어서 표현한 절대적인 '그 무엇'을 형용한 이름이다. 그러므로 형상 없는 형상이란 상대세계, 즉 시간과 공간을 점유하지 아니한 세계로서의 '무엇'에 대한 이름이라 할 수 있다. '그 무엇'은 또한 모든 것이 사라진 자리이다. 그렇게 아무런 형상도 없고 모든 것이 사라지면 드러나는 세계를 '빛', '생명', '사랑에너지' 등으로 표현한다. 하지만 물질이 아니므로 볼 수도 만질 수도 느낄 수도 없다. 그런데도 그것 덕분에 이 세상이 만물만상으로 서로 어울리고 있으니 어찌 마술 같은 신비의 세상이 아니겠는가. 또 어떠한 형체도 드리우지 않았음에도 그 자리에서 모든 것들이 교감하며 소통이 일어난다. '그 무엇'과 만나는 순간, 폭풍과도 같은 감응이 일고 전체가 하나로 소용돌이친다.

"**그것을 황홀이라 한다**(是謂惚恍)."

그렇게 모든 것이 사라지고 난 자리에서 만물의 바탕인 '그 무엇'과 감응하는 순간 홀황, 즉 황홀을 경험하게 된다. 대개 기억하듯이 "너무나 황홀했다"고 표현하는 순간은 '나'를 잊었을 때이다. 그 순간 저절로 나오는 탄성은 "아! 행복하다!"일 수도 있다. 행복과 황홀은 깊은 차원에서 같은 표현이라는 뜻이다.

물론 세상 사람들이 말하는 행복이나 황홀은 노자의 황홀과는 차이가 있을 수 있다. 진실로 황홀한 순간은 말을 잊은 상태이고 말로 표현하는 순간 저절로 황홀에서 이탈하기 때문이다. 말을 한다는 것 자체가 '나'라고 하는 중생의 자리로 돌아온 증거란 뜻이다. 노자의 말대로 없으면서도 있고, 있으면서도 없으려면 완전한 '무아'일 때만 가능하기 때문이다. 그렇다고 해서 '무아'의 자리가 암흑상태가 아님은 말할 필요조차 없다. 생생한 의식이 끝도 한도 없는 온 우주를 가득 메우고 있는 상태로 표현하면 맞을지도 모른다. 천지우주가 한 호흡인 상태라고 할 수도 있다. 분명한 것은 개별적인 감정놀음과는 천지차이라는 것이다.

그러므로 황홀은 사람의 노력으로 얻을 수 있는 것이 아니다.

그렇다고 노력 밖에 있는 것 또한 아니다. 장자의 말처럼 매일 덜어내고 또 덜어내며 삶의 중심을 향하다 보면 문득 만나질 수 있기도 하다. 하지만 대부분 일생동안 만나지 못하고 죽는다. 그 순간은 천지가 개벽을 하는 순간이고 내면에서 혁명이 일어나는 순간이다. 황홀 이전의 나는 죽고 다시 태어나는 내가 있게 된다. 예수가 십자가에 못 박혀 죽은 후 부활하는 것과 같은 이치이다. 그때부터는 정견(正見; 모든 것을 바로 보는 것)을 지니게 된다. 진리의 맛을 보았다는 뜻이다. 또한 그 순간 불교에서 말하는 감로甘露의 맛도 보게 된다. 세상이 다시 열린다. 산천초목이 이전에 보던 산천초목이 아니게 된다는 뜻이다.

"앞에서 맞이하여도 그 머리가 보이지 아니하고 뒤를 따라가도 그 뒤가 보이는 건 아니지만(迎之不見其首隨之不見其後)"

무엇을 보려면 보는 주체와 보여지는 객체로 만나야만 한다. 하지만 어떠한 실체도 지니지 않은 '그 무엇'의 자리는 언제나 우리와 동시성으로 함께 한다. 떨어져본 적도 없고, 또 떨어질 수도 없다. 그것 없이는 한 순간도 살 수 없으면서도 정작 그것을 볼 수는 없다는 뜻이다. 마치 눈으로 모든 것을 보지만 자신의 눈을 볼 수는 없는 것과 같은 이치이다.

"옛날의 도를 붙들어 지금의 드러난 세계를 다스리게 되면 (執古之道以御今之有)"

도道는 옛날과 지금이 다를 수 없다. 그런데도 옛날의 도로 표현한 것은 진리가 만물의 뿌리이므로 그렇게 칭한 것뿐이다. 따라서 지금의 드러난 세계란 과거와 현재라고 할 때의 현재라기보다는 현상으로 드러난 것으로 이해하면 된다. 다시 말해서 현상의 바탕인 절대세계의 섭리(진리)로써 만물로 드러난 현상계를 다스린다는 뜻이다.

우주의 섭리란 무엇을 말하는가? 차별 없는 평등의 마음이며 모두를 공경하는 마음이다. 공경한다 함은 상대방의 영역을 침해하지 않음이다. 또한 우주의 마음인 사랑, 즉 만물을 키워내는 마음이 곧 대자연의 이치이다. 만물을 키워내는 마음의 으뜸은 인연이 있는 모든 이들이 진리의 길에 동참하도록 하는 일이다. 진리의 길에 동참한다는 것은 사람이 사람답게 살도록 이끄는 일이다. 여기서 사람답게란 사회질서를 잘 지키는 것 그 너머에 있는 사랑을 바탕으로 한 삶이다. 그래서 불교는 법보시(진리를 전하는 일)를 어떤 공양물보다 제일로 치고, 기독교 역시 하느님께로 이끄는 전도, 즉 복음을 전하는 일을 으뜸으로 여긴다.

"능히 태초의 시작을 알 수 있으리니 이를 일러 도의 본질이

라 한다(能知古始是謂道紀)."

태초의 시작이란 무엇인가? 진리이며 진실이고 실재實在인 동시에 생명의 바탕이면서 생명 그 자체이다. 그러므로 만물로 드러난 모습을 통하여 현상 너머의 진실을 볼 수 있다는 뜻이다. 그것이 태초의 시작을 아는 것이다.

따라서 태초를 알게 되면 시작도 없고 끝도 없는 진리(道, 이치)를 알게 된다. 진리란 다름 아닌 시작도 사랑이고 끝도 사랑이다. 온통 사랑에너지란 말이다. 그 사랑에너지를 '진리' 혹은 '생명'이라 한다. 모든 생명은 곧 사랑에너지로 이루어져 있다는 뜻이다. 모든 것, 심지어 미물조차도 사랑에너지 안에서 나고 죽으며, 태양계나 은하계라 할지라도 그것을 벗어나지 않는다. 그러므로 이 세상은 존귀하지 않음이 없다. 그 자체로 이미 100퍼센트의 가치를 지녔다는 뜻이다. 무한 생명력 안에서 지닌 가치이며 절대적인 사랑 안에서 지닌 가치이다. 그것이 지켜지고 실현되기 위해서는 개별자마다 지니고 있는 업(業; 카르마)이 제거되어야 한다. 중생 스스로가 내면에 심어놓은 프로그램을 제거해야 한다는 뜻이다. 그러면 순수의지라 할 수 있는 대자대비만이 남아야 한다. 그것이 곧 불성광명이며 생명력 안에 포함된 반야지혜이다. 앎을 벗어난 지혜이며 모든 것을 가능하게 하는 힘이다. 그것이 바로 진리의 본질이다.

물론 진리가 따로 본질을 지니고 있을 리 만무하지만 만물의 뿌리요 바탕이므로 그렇게 표현한 것으로 이해하면 될 것이다. 본질을 알고 나면 본질이 곧 현상임을 알게 된다. 온 우주 자체로 하나의 부처임을 알게 된다. 그렇게 되면 부처라고 하는 실상 밖에 다른 존재가 있을 수 없다. 앞과 뒤는 물론이거니와 보는 자와 보이는 대상도 따로 있을 수 없다. 좋고 싫음과 옳고 그름을 포함한 모든 상대개념이 끊어진다는 뜻이다. 그것이 바로 중도中道이다.

따라서 도道, 즉 실상의 자리에 앉게 되면 현행하는 모든 것 또한 진리가 실현된 모습임을 있는 그대로 보게 된다. 지엽이 뿌리이고 뿌리가 지엽이란 뜻이다. 이 세상 모두가 진리 그 자체란 뜻이다. 말 그대로 공즉시색空卽是色이고 색즉시공色卽是空이다. 이 세상과 온 우주 그 자체로 넘치는 생명력의 장이다. 빛의 향연이며 환희인 세상이다. 결론적으로 노자가 말하는 행복이란 무아無我로서 실현되는 해탈이고 열반이다. 현묘玄妙이고, 혼돈混沌이며 황홀이다. 끝으로 장자의 이야기 한 자락(『장자』「천지」)을 듣고 『노자』 14장을 정리하기로 한다.

신인神人에 대해 듣고 싶습니다. 상신(上神; 최상의 신인)은 빛을 타고 형체가 사라집니다. 그것을 조광(照曠; 텅 빈 것을 비춤)이라 합니다. 본래에 이르러 실제를 다하니 천지가 즐겁고 만사가 녹아 없어지게 되어 만물이 본래의 모습으로 돌아갑니다.

이것을 혼명混冥이라 합니다.

*해설 장자가 말하는 신인은 사람의 한계를 벗어나 실상인 빛으로 돌아간 사람이다. 온 우주와 하나가 된 사람이다. 그러므로 내면의 빛으로 텅 빈 것(본질)을 비춘다. 만물이란 본래 그림자이고 물거품이며 꿈과 같은 것이다. 있다고 인식하는 것은 사람의 한계이다. 따라서 본래의 자리로 돌아가 혼돈의 자리에 이르렀다면 더 이상 물질의 한계에 갇힌 자가 아니다. 그러므로 진실의 세계가 아님이 없게 된다. 불교의 표현대로 색즉시공이고 공즉시색이라는 뜻이다. 따라서 우주 그 자체가 즐겁다. 만사는 더 이상 만사로 다가오지 않는다. 저절로 되는 삶이기 때문이다. 그야말로 황홀한 삶의 주인공이라 할 수 있다. 적어도 장자가 설정한 신인神人, 그것도 최상의 신인上神은 그런 사람이란 뜻이다.

14장의 일반적인 풀이: 황홀은 무아·무상의 경지

보려 하여도 보이지 않는 것을
이夷라 하고,
들으려 하여도 들리지 않는 것을

희希라 하며,
잡으려 하여도 잡히지 않는 것을
미微라 한다.
이 셋은
따져서 헤아릴 수 있는 것이 아니니
뭉뚱그리면
무無이다.
무의 위라 하여
밝지도 않고,
무의 아래라 해도
어둡지도 않으며,
그 작용은 끝없이 계속되지만
그렇다고 하여 그것을
이름도 붙일 수도 없더니,
다시 무無로 회귀하네.
이를 형상 없는 형상이요
아무것도 없음의 모습이라 하며,
그것을 황홀이라 한다.
앞에서 맞이하여도
그 머리가 보이지 아니하고,
뒤를 따라가도

그 뒤가 보이는 건 아니지만,
진리를 바탕으로
현상을 다스리게 되면,
만물이 나오는 이치를
알 수 있다.
그것이 도의 본질이다.

14장의 불교적인 풀이: 황홀은 무아·무상일 때 찾아오고

안식眼識을 벗어난 경계를
이夷라 하고,
이식耳識을 벗어난 경계를
희希라 하며,
신식身識을 벗어난 경계를
미微라 하네.
그 셋은
분별심으로는 닿을 수 없나니
뭉뚱그리면 진여이다.
진여의 위라 하여
밝은 것도 아니고,

진여의 아래라 해서
어두운 것도 아니며,
그 작용은 끝이 없으나
무어라 이름할 수도 없건만,
돌아가는 곳은 적멸寂滅이네.
그것은 무형의 형상이요
아무것도 없는 자리,
그 당처를 황홀이라 부르리.
마주보아도 앞이 없고
따라가도 끝이 없지만,
반야를 바탕으로
법계를 통찰하게 되면
분별이 시작되는 이치를
관조할 수 있다네.
그것이 진여의 본질이므로.

마치며

21세기형 인간은 영성지수(SQ: Spiritual Quotient)가 높아야 한다고 하는 것을 보면 세계적으로 의식지수가 향상되고 있는 것이 틀림없는 것 같다. 아무리 지능지수(IQ)가 높다고 해도, 또는 감성지수(EQ)가 탁월하고 역경을 극복하는 힘(AQ: Adversity Quotient)이 뛰어나다고 해도 삶의 목표인 행복과는 거리가 있다. 지능(IQ)이 뛰어나 남과 경쟁하여 늘 이겼던 사람이지만 정작 본인은 불행의 늪에서 벗어나지 못한 채 생을 마감하기도 한다. 또 감성(EQ)은 탁월한데 한 발짝도 앞으로 나아가지 못하는 사람도 있다. 끝으로 역경을 타개하는 힘(EQ)은 높으나 삶이 늘 팍팍한 사람도 있다. 왜 그런가?

그들의 공통점은 영성지수가 낮았으므로 행복지수 또한 낮았던 데 그 원인이 있다고 볼 수 있다. 알고 있다시피 행복지수가 높은 나라는 대체로 경제수준이 낮은 나라인 경우가 많다. 경제수준이 낮은데도 행복지수가 높은 까닭은 그 나라 국민들이 종교적 심성을 지녔다는 데 있다. 종교적 심성을 지녔다는 말은 뿌리, 곧 진리와 연결된 사람들이라는 뜻이기도 하다.

지금까지 『붓다와 함께하는 노자의 행복여행』을 통해서 살펴보았듯이 종교는 모두를 행복으로 안내하는 가르침이다. 행복이란 모든 것이 구비되어 만사가 순조로운 상태를 의미한다. 즉 결핍이 없다는 뜻이다. 무엇의 결핍이 없다는 말인가? 그것은 우리 모두가 한 순간도 없으면 안 되는 '생명력'인 동시에 '사랑에너지'이다. 몸도 마음도 그것을 필요로 한다. 몸을 중심으로 말하면 생명력이요 마음을 중심으로 이야기하면 사랑이다. 그 둘은 하나이면서 둘이고, 둘인 동시에 또한 하나이다. 이름이 둘인 까닭이다. 따라서 영성지수가 높다는 것은 마음에는 사랑이 충만하고 몸에는 생명력이 넘친다는 뜻이다. 그런 사람들이 모여 사는 사회는 주변이 평화롭고 다툼이 없을 수밖에 없다. 마주하고 서 있는 모든 상대가 다 인연으로 만났으므로 남일 수 없다고 인식한다.

실제로 20세기말부터 전개된 '세계화'의 바람 역시 지구인들의 의식수준이 향상되고 있다는 반증인지도 모른다. 상대를 적으로 여기며 이기려 하는 삶은 더 이상 모두의 행복을 담보할 수 없다는 데 인식을 같이한다는 증거이다. 다 같이 잘 살아야 한다는 뜻이다. 상생의 삶을 추구해야 그토록 집착하는 '나'가 행복할 수 있기 때문이다. 『나의 눈』의 저자 데이비드 호킨스도 여러 가지 실험을 통하여 그것을 강조한다. 어디 그뿐이겠는가. 동서고금을 막론하고 모든 성현들이 그것을 강조하였다. 노자나 장자도 그 가운데 한 사람이다. 따라서 도가사상 역시 종교라 할 수 있다.

『노자』의 첫 장이 진실과의 만남을 설명한 내용이라면 14장은 행복은 다름 아닌 황홀이라 하였다. 황홀은 형상 없는 형상이요 아무것도 없는 모습의 이름이다. 그것은 곧 진리를 상징하며 진리 안에서 우리는 완전한 행복을 누릴 수 있다는 뜻이다. 그렇다고 해서 진리가 우리와 동떨어져 멀리 있는 추상적인 것은 아니다. 우리 안에도 밖에도 없는 곳이 없다. 공자의 말처럼 한 순간도 진리 없이는 살 수 없고, 장자의 말처럼 진리는 똥이나 오줌에 조차 있는 까닭이다. 우주의 실상이며 생명의 본질이 바로 진리인 까닭이다.

끝으로 필자의 간절함을 정말 잘 표현한 노래가사가 있어 소개하면서 『붓다와 함께하는 노자의 행복여행』을 마친다. 가끔 강의 시간에 불러주면 감동하는 학생들이 꽤 있었던 노래이다.

마음의 바다 _박인희

더욱 더 깊어지거라 마음의 바다여
음~ 그곳에 그 곳에 꿈이 있네
더욱 더 넓어지거라 마음의 바다여
음~ 그곳에 그곳에 길이 있네

뜨거운 가슴으로 고요히 잠겨
오늘도 우리는 가고 있나니
더욱 더 싱싱하거라 마음의 바다여
음~ 그곳에 그곳에 우리가 있네.

지은이● 김용남 法齋 金龍南

강원도 평창군 봉평에서 태어나 강릉여자고등학교와 국군간호사관학교를 거쳐 성균관대학교에서 「유교의 행복관」으로 문학석사학위를, 「이고李翺의 복성론復性論에 관한 연구」로 철학박사학위를 받았다.
성균관대학교 강사, 동국대학교 BK21불교문화사상사연구단 연구원, 연구교수, 동국대학교 불교학과 및 불교대학원 강사를 거쳐 대림대학교 교수로 재직 중이다.
저서로 『공자와 떠나는 행복여행』, 『성리학, 유불도의 만남』, 『이고』, 『생명사상과 직업윤리』(공저)가 있으며, 주요 논문으로 「중용中庸과 선禪의 의미 고찰」, 「이고의 복성론에 나타난 불교이해」, 「정신물리학의 입장에서 본 장자莊子의 무정無情」, 「불교의 수행위차에 관한 고찰」 등이 있다.
불교TV(IPTV)에서 'BBS 파워특강; 불교로 읽는 노자'를 1년간 진행했으며, 인터넷 동영상특강(에버에듀) '공자의 행복이야기'가 있다.

행복론 2 **도교의 행복론**

붓다와 함께하는 노자의 행복여행

초판 1쇄 인쇄 2011년 9월 10일 | 초판 1쇄 발행 2011년 9월 17일
지은이 김용남 | 펴낸이 김시열
펴낸곳 너울북 (136-034) 서울시 성북구 동소문동 4가 270 성심빌딩 3층
전화 (02) 926-8361 | 팩스 0505-115-8361
ISBN 978-89-956393-0-6 04100 값 12,000원